조세신불자
패자부활전

조세신불자
패자부활전

남우진 차순아

예미

　　최근 글로벌 경기회복과 함께 올해 수출이 역대 최고치를 기록하고 있고, 위드 코로나 시대가 열리면서 내수의존도가 높은 중소기업과 소상공인도 매출이 회복세를 보이고 있습니다.

　　사실, 지난해 코로나 발병 초기에만 해도 우리나라는 전대미문의 위기에 직면했습니다. 대구·경북을 중심으로 1차 대유행이 발생하자 코리안 포비아가 확산되면서 세계 112개국은 우리 국민에 대한 입국 제한조치를 단행했습니다.

　　국제보건기구인 WHO의 팬데믹 선언 이후에는 미국과 유럽 등 주요국의 셧다운으로 수출이 중단되고, 중국이나 동남아 관광객들이 한국을 들어오지 못하면서 의류와 핸드백, 화장품 등 패션 제조업체들은 매출이 바닥으로 떨어졌습니다. 이와 함께 하루하루 생존을 걱정하는 중소기업과 소상공인의 조세체납자도 늘 수밖에 없는 상황이었습니다.

개인의 잘못이 아닌 전 세계적 재난이라 할 수 있는 코로나 사태로 중소기업과 소상공인이 매출감소와 같은 일시적 어려움으로 조세 체납자가 되었을 때 다시 재기할 수 있는 길을 열어주는 것은 당연한 일입니다. 납세자는 성실한 경제활동을 통하여 부를 창출하는 국가재원 조달의 주체이지만 사업을 영위하다 보면 늘 한결같지가 않습니다. 경영활동을 하다 보면 사업이 잘될 때도 있지만 어려울 때도 많습니다. 기업이 영리활동을 통해 이익을 남기면 법인세와 소득세로 국가살림에 보탬을 주는데, 코로나 사태와 같은 경제위기로 불가피하게 세금을 체납하는 경우도 발생합니다. 이 경우 오랜 기간 성실납세에 대한 대가로 수혜를 받지는 못하더라도 최소한 법의 테두리 내에서 보호받아야 합니다. 하지만 현실은 그렇지 않습니다.

세금조차 못 내는 어려운 생계형 체납자에 대하여 '국가가 평생 족쇄를 채우는 것이 과연 국가에 도움이 되는 것인가'라는 문제의식은 매우 중요한 문제입니다. 도덕적 해이가 만연한 조세체납자와는 엄연히 구별되어야 하는 것은 당연하지만 재기의 어려움에 직면해 있는 다수의 국민들을 생각한다면 '희망의 고리'를 놓지 않도록 하는 것도 정부의 역할입니다.

2021년 현재 국세 정리보류금액이 100조 가까이 됩니다. 이 수치가 말해주는 것은 688만 중소기업의 경제적 지위를 돈독히 하여 위기 중소기업에 대한 지원체계를 마련하는 일이 시급하다는 것입니다. 한국 사회에 만연되어 있는 실패 기업에 대한 차별의식을 개선하여 정직한 실패자에 대한 재도전 기회를 활성화시킨다면 재창업 붐이 조성되어 '성공적인 조세신불자 패자부활전'이 활성화될 수 있습니다.

실패를 두려워하지 않는 기업가정신으로 새로운 기회를 창출하고 재도전하려는 조세신불자의 재창업과 일자리 창출을 지원하기 위한 담론은 국가경제적으로나 개인의 행복 차원에서도 매우 중요한 일일 것입니다. 나아가 조세신불자와 더불어 다중채무자 또한 관리 부재로 인하여 일자리 창출의 걸림돌이 되고 있으므로 금융·4대보험·추징금·과태료 등 채무자의 범위를 확대하여 관심을 가져보는 것도 '재도전 기회 창출'과 '일자리 창출' 측면에서 매우 유의미하리라 봅니다.

다시 도전할 수 있는 사회 분위기 조성을 위해서는 대한민국 채무자 구제의 컨트롤타워를 만들고 다종(多種) 신불자 통계를 정비하여 실태조사와 함께 실패 후 재기에 성공한 기업들의 성공사례를 널리 알리는 것도 좋은 방법일 것입니다.

아무쪼록 《조세신불자 패자부활전》이 성공한 기업경영자에게는 기업가정신을 고취시키고 실패한 기업경영자에게는 도전정신을 불어넣어 국가 발전에 기여하고 건전한 납세순응으로 아름다운 사회를 만들 수 있는 지침서가 될 수 있기를 바라며, 여러분의 가정에 늘 건강과 행복이 가득하시기를 기원합니다.

2021년 12월
중소기업중앙회 경제정책본부장 추문갑

조세신불자
패자부활전을 응원합니다

필자가 체납자들을 돕기 위한 책을 쓴다고 했을 때 선배, 후배, 동료들이 만류하였습니다. 모두의 반응은 냉담하였지요.

"체납자를 도와줄 필요가 있는가? 탈세를 돕는 꼴이 아닌가?"

이 책의 구상 초기에 '도덕적 해이(Moral Hazard)'라는 단어는 필자를 무던히도 괴롭혔습니다. 고의로 세금을 회피하기 위하여 무능력자를 이용해 체납을 부담하게 하고 실제 사업자는 뒤에서 웃고 있는 현실이니까요. 이러한 실상을 알면서도 체납자의 권리를 보호하겠다는 발상은 '돌 맞기 딱 좋은 짓'인 거죠. 그동안 친하게 지내던 재벌 오너를 비롯한 부자 지인들은 필자의 강의를 듣고 나서 이렇게 말했습니다.

"어떻게 세금도 안 내는 사람을 도와주나?"

이 말을 듣는 필자의 가슴에는 못이 박혔습니다. 그 이후, 더 이상 얼굴을 볼 수 없었습니다.

성실 납세자에게 '체납자 구제'라는 이슈는 한갓 '도덕적 해이' 그 자체이며, 더 나쁘게 말하자면 필자는 조세포탈 교사를 저지르는 것이지요. 그럼에도 불구하고 '이 일은 누군가는 꼭 해야 하는 일'이라는 소신에는 변함이 없습니다. 다만, 조세신불자를 구제하는 일은 결코 인간적인 연민이나 감정적으로 해결하려고 해서는 안 되는 일입니다.

우리 헌법은 조세를 법률로써 정하도록 되어 있습니다(조세법률주의). 철저히 법대로 가야 하지요. 그래야만 국가도 살고 개인도 살기 때문입니다. 2021년, 이 시점은 '조세신불자 시대'입니다. 성실 납세자보다 조세신불자가 더 많은 이 시대에 성실 납세자를 보호하기 위해서라도 조세신불자 문제는 반드시 짚고 넘어가야 할 시대적 과제입니다.

이 책의 집필 의도는 명의대여자, 악성 체납자들에게 5년의 소멸시효 기간 동안 버티고 세금을 내지 말라고 가르치는 것이 아니요, 체납세금의 회피 방법을 알려주기 위함은 더더욱 아닙니다. 정직한 실패자에게 재도전의 기회를 열어주어 국가의 이익과 개인의 행복을 찾고자 함입니다. 세금조차 못 내는 사람을 포용하여 복지정책의 일환으로 삼을 수도 있겠지만, 그 무엇보다도 명의대여라는 악마의 손길이 닿지 않도록 제도적 장치 마련의 문제의식을 던져주고 싶은 거죠.

장기 소액 체납자들이 신용불량자가 되어 지하경제 속에서 헤매고 있다면 국가재정에 기여할 수 있는 기회조차 사라집니다. 국세청 55주년을 맞이한 이 시점에 실패에 대한 두려움으로 창업을 주저하는 작금의 현실을 타개하고 국가경제에 활력을 불어넣고자 하는 의도로 이 책을 출간하게 된 것입니다.

이 글을 쓰는데 도움을 주신 중소기업중앙회 최무근 실장, 이은미 님, 법무법인 광장 김부한 변호사, 김해철 위원, 서울신용보증재단 전 덕영 박사, 세무대학세무사회 황성훈 회장, 주빌리은행 유순덕 이사, 신용회복위원회 민영안 부장, 이코노믹 리뷰 양인정 기자께 진심으로 고마운 마음 전합니다.

대한민국 세금 체납자들이 미래의 성실한 납세자가 되는 그날을 위하여!

2021년 12월

남우진, 차순아

차례

PART 1
세금 전쟁

PART 4
체납자에게 평생 족쇄를 채운들 국가에 도움이 될까?

PART 5
조세신불자 패자부활 오뚝이 프로젝트

이 글을 쓰게 된
배경과 소망

필자가 대학원에서 박사 선후배들이 있는 자리에서 체납세금 강의를 하면 "5년만 버티면 세금을 안 내도 됩니까?"라는 질문이 나온다. 이런 질문이 나오리라는 생각은 꿈에도 못 했기 때문에 적지 않게 당황하였다. 국세기본법 제27조 '국세징수권의 소멸시효는 5년(5억 원 이상 국세는 10년)'이라는 발표를 한 직후였다. 필자는 정신을 다시 차리고 대답하기를 "외상 술값도 1년만 지나면 법적으로는 갚을 의무가 없습니다. 음식에도 유통기한이 있듯이 세금도 시효가 있는 것입니다."라고 설명을 하긴 한다. 이 순간 분위기는 묘하다. 복음(福音)을 듣는 사람들의 분위기가 이런 것일까? 마치 '도덕불감증 공범'이 되는 느낌?!

5년이란 짧지 않은 시간은 '신불자의 지하경제 활동시간'이다. 무덤 속에서 고통받는 5년이란 시간이 짧은 시간인가? '세금을 내지 않고 견디는 시간'치고는 감당할 만한 것일까?

'5년이란 시간 속에 엄청난 불이익과 삶의 변화가 있을 텐데.'

순간 많은 생각들이 스쳐 지나갔다.

사실 이 기간은 세무공무원의 숙제 기간이기도 하다. 이 기간 동안 공무원이 제대로 징수한다면 '5년간 버티고 안 내겠다'는 생각을 감히 할 수 있을까?

세금 안 내는 사람과 못 내는 사람

필자는 세금 체납자를 크게 세금을 못 내는 사람과 안 내는 사람으로 본다!

첫째, 무자력자인 사람들, 즉 생계형 체납자는 오히려 복지 지원을 받아야 할 정도로 생활이 어렵기 때문에 현실적으로 세금을 낼 수 없다. 이들은 세금을 안 내는 것이 아니라 못 내는 사람들이다. 빚이라도 내어서 세금을 내어야 하는 1천만 원 이하의 생계형 체납자가 전체 체납자의 90%에 육박한다. 이들이 전체 체납액에서 차지하는 비중은 15% 미만인 것으로 국세청 통계자료에 나타나고 있다.

이런 사람들은 즉각 재기 지원 절차로 인도하여야 할 것이다. 필자가 현직에 있을 때 동료 공무원 중에 이렇게 어려운 체납자에게 체납독촉을 위하여 방문하였다가 자기 호주머니를 털어서 쌀을 한 가마씩 사주었다고 한 사례도 있을 정도이니, 사업 노하우 없이 무작정 창업의 세계에 뛰어들어 대책 없이 망하고 체납자가 되는 이들에 대한 재기 지원은 사회의 숙제이다.

둘째, 이 유형이 가장 문제다. 이 사람들은 세금을 못 내는 것이 아니라 안 내는 이들로서, 있는 재산을 은닉하거나 사해행위를 한다. 행정력을 집중시켜 엄정하게 징수해야 할 대상이다.

셋째, 세금을 100% 완납하지 못하는 유형이다. 그러니까 세금의 일부는 낼 수 있는 납세자란 말이다. 이것은 거대담론이 필요한 대단히 중요한 문제이다. '왜 체납세금은 자꾸 늘어나는가?'의 화두와 연결된다. 만약 100원의 세금을 내어야 할 납세자가 채무 변제 후 50원밖에 남지 않았다면, 과연 반밖에 되지 않는 50원의 세금을 낼 것인가, 아니면 하나도 내지 않을 것인가? 이런 사회현상을 들여다보자는 것이다.

국가 입장에서 보면 당연히 50원이라도 받아야겠지만 납세자 입장에서는 그렇지 못하다. 왜냐하면 세무행정의 메커니즘이 'All or Nothing'의 구조로 되어 있기 때문이다. 필자가 국세통계연보 20년치 정리보류금액을 집계해보니 153조가 나온다. 이 수치는 'All or Nothing'의 메커니즘이 인간의 심리를 자기생존 시스템으로 작동시켜 납세순응을 방해하고 있다는 증거다. 그러니까 '체납세금의 50%를 내더라도 한 푼도 내지 않은 체납자와 불이익은 똑같기 때문에 50% 낼 수 있는 사람도 결국 한 푼도 안 낸다'는 것이다. 이건 납세신뢰도와 납세순응에 관한 문제다. 그래서 필자는 조세 개인회생제도의 도입을 역설하고 있는 것이다.

무덤까지 따라오는 생계형 세금체납

"죽어서 관에 들어갈 때 관 짜는 비용은 안 내더라도 세금은 내야 합니다."

세무공무원의 이 말에 30대 중반 체납자는 가슴에 못이 박혀 더 이상 살고 싶지 않았다. 의류 유통회사에서 직원으로 일하며 밑바닥에서부터 시작하여 겨우 장만한 내 사업장인데 창업을 하자마자 어려움이 닥쳤다. 제일 무서운 것은 세금 독촉하는 세무공무원이었다. 그들은 세금을 못 낼 것이면 직권으로 폐업을 시키겠다고 협박을 했다. 폐업하고 5년 지나면 세금이 소멸된다는 달콤한 유혹도 했다. 그러나 힘들게 장만한 사업장을 어떻게든 꾸리고 싶어서 악착같이 노력할수록 세금은 쌓여만 갔고, '관 짤 비용은 안 내도 세금은 내라'는 기가 막힌 말을 듣고야 만 것이다.

내가 죽으면 세 살, 네 살배기 두 자녀의 삶도 힘들 테니 저세상으로 함께 가리라. 신새벽 어린아이와 함께 경기도 외곽 한적한 저수지가에서 차에 번개탄을 피웠다가 '어린 자식들한테 뭐 하는 짓인가!' 싶어 그만두고 이를 악물고 살아왔다. 그 세월이 벌써 20년이다.

필자가 최근에 만난 어느 여성 체납자의 사연이다. 체납자이기 이전에 대한민국 국민의 한 사람이요, 어머니인 이 체납자는 세금도 못 내는 죄인이라는 죄의식 속에 체납 담당 공무원의 비수 같은 말이 불을 지펴 힘든 사업을 결국 접고 말았다.

20년 전 그때를 상기하는 한 어머니의 눈물에 필자는 그저 들어주는 것 말고 해줄 수 있는 것이 없었다. 다만, 체납된 세금을 분납하면서 계속 사업을 할 수 있게 해달라는 사업자의 호소를 당시 체납 담당 공무원이 받아주었더라면 부가가치세 예정고지, 확정고지분 2년 치 8건의 체납금액이 본세만 4천만 원이었던 것이 20년이 지난 지금 가산금 포함하여 8천만 원이 되어 있는 이런 기막힌 처지가 되지는 않았을 텐데……. 사업을 꾸려가기도 힘겨운 영세 사업자에게 폐업하고 5년 기다리면 체납세금 4천만 원이 소멸된다는 달콤한 유혹을 하지 말았어야 한다는 원망과 세금에 관한 사업자로서의 무지 등등 수많은 생각이 스쳐 갔다.

이 체납자와의 인터뷰는 유튜브를 통해 널리 퍼져나갔다. 며칠 후 세무대학 세무사회 회장 후배에게서 연락이 왔다.

"요즘 이 인터뷰 때문에 온통 난리예요. 체납 담당자가 좀 심했네요."

국세청 본청에 있는 동기는 이렇게 말했다.

"동기끼리 좋은 게 무어냐? 국정감사 시즌인데 유튜브 좀 내려주면 안 되겠니?"

필자는 그날 바로 인터뷰를 내렸다. 친정 국세청을 비판하고 싶은 생각은 추호도 없기 때문에. 그리고 얼마 후, 그 친구는 필자가 떠드는 내용을 국세청 지침으로 만들어 보도자료를 뿌리고 일선 세무서에 하달하였다. 너무 고마웠다. 동기끼리 서로 깊은 대화는 안 했지만 40년 가까운 경륜이 통한 것이리라. 필자는 이 친구에게 영세불망(永世不忘) 공덕비를 세워줘야 한다고 칼럼을 썼다.

　　　　　　　　　　　　　이 글을 쓰게 된 배경과 소망

필자가 어렸을 때 살인죄 공소시효는 15년이었다. 이것이 2007년도에 25년으로 개정되었다가 2015년도에 공소시효가 완전 폐기되었다. 필자가 박사논문을 준비하면서 설문조사를 통해 수집한 체납 자료에는 놀랍게도 20년 이상 체납한 체납자의 비율이 어마어마하게 높았다. '세금 체납이 살인죄보다 더 큰 죄인가?'라는 의문이 늘 따라다녔다. 더욱이 체납자가 정직한 실패자라면.

정직한 실패자는 5년의 시효도 기다릴 필요 없이 5개월 이내라도 재기할 수 있도록 법 개정을 하고, 상습 고액체납자는 시효를 폐기하여 평생 추적하여야 한다. 5년만 버티면 체납세금이 소멸된다는 그릇된 납세의식을 개선하기 위해서는 '강압적 납세순응'보다는 '자발적 납세순응'을 유도하여야 하고, 그렇게 하기 위해서는 체납 방지를 위한 '정명(正名) 사상'을 법정의무교육으로 지정하는 것이 절실하다.

실패가 자산이 되어 재도전할 수 있는 사회를 만들기 위해서 조세신불자에 대한 패자부활에 우리 사회가 적극적으로 동참해야 한다. 금융·조세·4대보험·추징금·과태료 신불자의 '패자부활전', 이것은 시대적 사명이다. 그래서 필자는 이 주장을 감히 '조세신불자 패자부활전(戰)'이라고 명명하였다. 이것은 필시 공무원의 '체납과의 전쟁', '명의대여와의 전쟁', '건전한 납세순응을 위한 전쟁', '실패가 자산이 되는 건강한 사회를 위한 전쟁'이기 때문이다.

아무쪼록 앞으로 이 책으로 인해 재도전하게 되는 조세신불자들의 패자부활전이 성공하여 대한민국 경제 활성화의 초석이 되었으면 하는 바람이다.

체납세금에 대한 필자의 생각

필자는 1982년 국립세무대학을 다니며 미래의 꿈을 키웠다. 특수대학을 다니는 자부심도 적지 않았지만 직업적으로 국세공무원이라는 삶의 방향이 정해져 있어서 청춘을 불태울 수 있는 단초가 되었다. 공직생활의 절반은 징수권자로서 국고주의에 입각한 '세법이 전부'라는 사고방식에 젖어 있었다. 그리고 철이 들면서 이런 사고방식에서 깨어나 세법이라는 잣대보다 더 크고 넓은 세상의 잣대가 있다는 것을 깨닫게 되었다. 세법이라는 그릇으로는 이 세상 모든 현상들을 다 담을 수 없기 때문에 납세자의 이야기에 귀를 기울이고 잘 들어주면 납세자보호의 길이 열린다는 것을 알게 되었다. 이처럼 필자의 사고방식조차 세월이 가면서 많이 달라졌다.

공무원 조직은 업무의 생산성을 높이기 위한 실적평가를 한다. 세무서의 실적평가는 필자가 신규직원이었던 1980년대 시절이나 지금이나 크게 달라진 게 없어 보인다. 각 지방청별로 1등부터 꼴찌까지 순위를 매겨서 하위 관서는 대책보고를 하게 된다.

1980년대 필자가 체납세 징수 업무를 하던 시절 이야기다. 각 과마다 서장실에 체납세 징수 실적보고하러 갔던 그날을 잊을 수 없다. 20여 명의 직원이 서장실에 들어가서 계장이 전체 체납세 징수 실적을 보고하는데, 놀랍게도 서장은 체납세 징수 실적보고서를 집어던지면서 "오늘 저녁까지 20% 실적 만들어 와!"라고 한 것이다. 정말 충격이었다. 그리고 그날 저녁 체납세 징수 실적보고를 할 때 실적이 20%

가 넘었다. 아침 실적은 5%밖에 되지 않았는데 말이다. 이것이 그 당시 분기마다 실시하는 체납정리 집중기간의 첫날 장면이었다.

최근 몇 년 전에 10년 후배에게 들은 이야기가 있다. 필자의 동기인 세무서장이 체납세 징수 실적 때문에 직원들을 밤 10시 이전에 퇴근을 안 시켰다는 것이다. 상상할 수 없는 현실이 아직도 벌어지고 있는 것이다.

"그 서장은 21세기 세무행정을 1980년대로 돌려놨어요."

후배가 불만을 터뜨렸다. 나중에 들은 이야기이지만 결국 그 서장은 청장에게도 욕을 먹었다고 한다. 일을 하려면 너 혼자 열심히 하면 되지 왜 애꿎은 직원들까지 퇴근도 못 하게 하고 고생시키느냐고.

이것은 국세공무원의 체납정리하는 한 면의 분위기를 이야기한 것이다. 오래전부터 "체납세 징수 업무만 없어도 세무공무원 할 만하다"란 말은 공공연한 이야기였다. 또 다른 한 면은 체납정리 실적에 대한 평가 문제이다. 정리보류가 그것이다. 2000년부터 2020년까지의 정리보류금액이 무려 153조 원이다. 정리보류의 그전 이름은 '결손'이었다. '결손'이라 하면 마치 받아야 할 세금이 펑크 난 것 같아 보이지만 '정리보류'라고 이름을 바꾸니 느낌은 다르다. 징수를 포기한다는 느낌보다는 사정상 잠시 보류하는 느낌이다.

정리보류 자체가 절대적으로 나쁘다고만 볼 수는 없다. 무재산 폐업자인 경우 독촉하는 행정력 소모를 줄일 수 있어 고액·상습 체납자에게 집중할 수 있는 유리한 면도 있다. 그러나 일선 세무서에서는 실적평가에 유리한 고지를 달성하기 위해서 정리보류를 한다. 왜냐하면 현금징수 실적만으로는 한계가 있기 때문이다. 정리보류를 하면 분모가 줄어 체납세 징수 성적이 올라간다.

필자는 국정감사에서 지적되는 실적 이야기를 하는 것이 아니다. 중요한 문제점은 정리보류를 하려면 모두 폐업을 해야만 된다는 점이다. 이것은 국민의 신성한 납세의무 이행을 원천적으로 차단하여 분납할 수 있는 기회가 상실되는 매우 심각한 문제이다. 실적평가 때문에 적은 금액이라도 분납하려는 체납자의 의지를 꺾고 폐업을 유도해서는 안 되겠다는 이야기다.

'납세자 권익'을 존중하여 자발적 납세순응을 이끌어야

필자는 징수공무원으로서 나름 열심히 일해왔지만 지금은 조세신불자 패자부활을 외치고 다닌다. 그랬더니 현직 공무원에게서 '등에 칼을 꽂을 사람'이라고 비난이 들려온다. 이해 못 할 바는 아니다. 늘 '과세권·징수권'과 '납세자 권익'은 부딪쳐왔기 때문이다. 창과 방패의 역할인 것이다.

공무원도 그렇지만 납세자 또한 '납세순응'과 '조세저항' 두 가지 카드를 모두 갖고 있다. 상황에 따라 어떤 카드를 쓸지는 아무도 모른다. '과세권·징수권'을 과도하게 사용하면 '조세저항'이 따르고, '납세자 권익'을 존중하면 '자발적 납세순응'은 자연히 따라오리라 본다.

납세자는 '납세순응'과 '조세저항' 두 가지 마음을 함께 갖고 있다.

이 글을 쓰게 된 배경과 소망

소위 불확정성의 원리(Uncertainty Principle)로서 양자를 모두 보유하고 있다. 단순히 현재 체납자라는 이유만으로 지하경제로 빠지거나 명의대여하여 사업하는 등 나쁜 방향으로만 간다고 볼 수는 없다. 실패를 자산으로 재도전하여 세수기여자가 될 수도 있다. 다만, 후자를 선택하더라도 그 길을 정부에서 열어주지 않는다면 체납자의 미래는 암울하다.

결론은, 공무원과 납세자 모두 양면성을 갖고 있는 것이다. 세무공무원은 '국고주의와 납세자보호', 납세자는 '납세순응과 조세저항' 모두를 갖고 있다. 어느 방향으로 갈지는 아무도 알 수 없다. 좋은 방향으로 가기 위한 상황설정을 하는 것은 위정자의 지혜일 것이다.

이렇게 장황하게 서문을 쓴 이유는 독자들이 필자의 정체성, 주관적인 생각이 어떠한지를 미리 알게 되면 책을 읽기가 편할 거라는 출판기획자의 조언을 들었기 때문이다. 끝으로 체납세금에 대한 잘못된 열 가지 상식에 대해 알아보고 본론으로 들어가겠다. 통상 일반인들이 '잘못 알고 있는 체납 상식'을 짚고 넘어가 보자.

첫째, 체납세금은 평생 간다.

둘째, 체납세금은 '체납독촉안내문'을 송달받을 때마다 시효가 중단된다.

셋째, 사업자등록증을 못 낸다.

넷째, 취업을 못 한다.

다섯째, 체납세금도 상속된다.

여섯째, 통장을 못 만든다.

일곱째, 해외를 못 나간다.

여덟째, 자녀나 배우자 재산도 압류된다.

아홉째, 해외에 나가 있으면 시효가 진행되어 자동 소멸된다.

열째, 가만히 있어도 세월이 가면 그냥 없어진다.

이 이야기는 체납자에게 있어서 매우 귀중한 정보가 될 것이다. 이 내용은 본문에서 자세히 다루기로 하고, 아무쪼록 재기를 꿈꾸는 조세신불자들의 성공하는 삶을 기대한다.

PART

1

세금 전쟁

세금으로 해체된 비틀스,
〈Taxman〉을 노래하다

"세금 잘 내는 당신이 애국자입니다."

세금고지서에 이런 표어가 있다면 다들 어떻게 생각할까? 대부분 긍정적으로 받아들이겠지만 일부 소수는 필자에게 돌을 던질 사람도 있을 것이다.

6천 년 전 수메르문명이 있던 도시에서 현대판 세금고지서에 해당하는 유물이 발견되었다. 국가가 탄생하고 세금도 함께 등장하였는데 당연히 세무 업무를 보는 관료와 전문직업인도 생겼을 것이다. 발견된 그 유물에는 이렇게 기록되어 있었다.

"나라가 망하고 새로운 나라가 생겨도 세무관료는 있다."

"하늘에는 신이 있고 땅에는 왕이 있지만 가장 두려워해야 할 사람은 바로 세무관료이다."

동서고금 모두 세금에 대한 심각성을 알고 있는 것이다.

세금 내! 세금

20세기 최고의 밴드라 불리는 비틀스가 왜 〈Taxman〉을 노래했을까? 전설적인 밴드 비틀스는 1963년 데뷔해서 20곡 빌보드 싱글차트 1위라는 최고의 기록을 아직까지도 보유하고 있다. 7년 동안 210곡의 노래를 발표한 비틀스는 1966년도에 〈Taxman〉이라는 노래를 불렀다. 여기서 'Taxman'은 세무당국, 세무관리, 세무서직원, 세무관료, 세무공무원이란 뜻이다. 그 당시 노동당 정부의 무리한 누진세 부과 정책을 공격한 것이다.

비틀스 멤버 조지 해리슨은 자서전에서 이렇게 술회하였다.

"비틀스가 돈을 벌긴 했지만, 결국 세금으로 대부분 다 나갔다는 것을 깨달았다."

록 스타 데이비드 보위, 아일랜드 밴드 U2와 영국의 롤링스톤스 등은 세금을 안 내려고 조국을 떠났다. 이들처럼 영악하게 조세피난처인 해외로 도망치지 못한 비틀스는 소득세를 내느라 휘청거렸다. 노래 가사에 나오는 것처럼 최고 95%에 달하는 세금을 감당할 수 없었다.

더더욱 상황이 나빠진 것은 세무 전문가도 아니고 사업가도 아닌 가수 비틀스가 절세 전략을 강구하기 위하여 애플이라는 회사를 설립한 것이었다. 하지만 세상은 냉정하여 빨대를 꽂으려는 무리들에게

회사는 난도질당하고 말았다. 결국 애플의 경영권 문제로 존 레넌과 폴 매카트니 간에 갈등이 생기고, 비틀스 해체라는 최악의 상황까지 가게 된 것이다.

노래 가사를 음미해보자. 가사 속에는 세금에 대한 조세저항정신 이 잔뜩 담겨져 있다. 〈Taxman〉은 조지 해리슨이 작곡한 곡으로 비 틀스의 1966년 음반 〈Revolver〉의 첫 곡으로 발표되었다.

〈Taxman〉

Let me tell you how it will be

There's one for you, nineteen for me

'Cause I'm the taxman

Yeah, I'm the taxman

자, 설명해줄 테니까 잘 들어.

당신은 한 개만 갖고, 나머지 열아홉 개는 세금이야.

세금 내야지.

그래, 세금!

Should five per cent appear too small?

Be thankful I don't take it all

'Cause I'm the taxman

Yeah, I'm the taxman

5퍼센트만 가져가는 게 불만이야?

5퍼센트라도 남겨주는 걸 고마워해.

세금 내야지.

그래, 세금!

(If you drive a car, car) I'll tax the street

(If you try to sit, sit) I'll tax your seat

(If you get too cold, cold) I'll tax the heat

(If you take a walk, walk) I'll tax your feet

Taxman!

'Cause I'm the taxman

Yeah, I'm the taxman

차가 있어? 그럼 도로에 세금 매겨야지.

앉고 싶어? 그럼 의자에 세금 매겨야겠네.

추워? 그럼 난로에 세금 매겨야지.

산책 갈 거라고? 그럼 당신 발에 세금을 매겨야겠어.

세금 내!

당신은 세금을 내야 해!

세금!

Don't ask me what I want it for (Ha, ha, Mr. Wilson)

If you don't want to pay some more (Ha, ha, Mr. Heath)

'Cause I'm the taxman

Yeah, I'm the taxman

어이, 김 선생! 왜 이렇게까지 하냐고 따지지 마.

어이, 이 선생! 세금 더 내고 싶지 않으면 입 닥쳐.

세금 내~!

세금!!

Now my advice for those who die (Taxman!)

Declare the pennies on your eyes (Taxman!)

'Cause I'm the taxman

Yeah, I'm the taxman

And you're working for no one but me (Taxman!)

명심해!

죽어서도 세금은 피할 수 없어.

세금 내,

세금!

당신들이 일하는 이유는 세금을 내기 위해서라고.

비틀스의 〈Taxman〉 가사를 의역해보았다.

필자가 보는 이 노래의 압권은 단연 "Declare the pennies on your eyes"라는 대목이다. 이 표현은 놀랍게도 그리스신화에도 나온다. 'Declare'는 영어사전을 보니 '1. 선언(선포, 공표)하다, 2. 언명하다, 분명히 말하다, 3. (세금당국에 소득을) 신고하다'로 되어 있다. 그리스신화를 보면, 하데스가 다스리는 저승으로 가기 위해서는 스틱스라는 강을 건너야 한다. 강어귀에는 카론이라는 뱃사공이 있는데 돈을 주지 않으면 절대 배를 태워주지 않는다. 결국 돈 없는 사람들은 강을 건너지 못하고 구천을 헤매게 된다는 것이다. 그래서 그리스 장례 풍습에서는 카론에게 노잣돈을 전달하기 위해 죽은 사람의 혀 밑이나 눈 위에 동전을 올려놓는다고 한다. 그래서 비틀스는 노래 가사에 죽음까지도 따라오는 세금을 풍자하여 조세저항하는 본인의 분노를 표출한 것이다.

세금 내기 위해 일한다

가사를 보면 폭동이 일어날 수밖에 없을 지경이다.

"세무당국에서 말하기를 사업해서 돈 벌면 너는 5%만 갖고 가. 그것도 적지 않은 금액이야. 95%는 세금 내야지."

이런 내용이다. 결국 '사업가는 자기가 돈을 번다고 생각하지만 세금으로 다 들어가기 때문에 결국 사업가는 세금을 내기 위해서 일하는 것'이라는 메시지를 던지고 있다.

물론 대부분의 독자들은 이 말에 동의하기 싫을 것이다. 세금을 내기 위하여 일을 한다고? 마치 노예 같은 느낌이 들어 인정하고 싶지 않을 것이다. 좋게 보자면 사업가와 국가가 동반자 내지는 동업관계인데, 문제는 20개 중에 19개, 즉 95%의 세금을 떼 간다면 과연 동반자라고 생각할 수 있을까 하는 점이다.

요즘은 숨만 쉬어도 세금이다. 스웨덴, 덴마크 등 유럽 일부 국가에서는 탄소세를 부과하고 있다. 비틀스가 노래한 도로에 대한 세금은, 통행료는 기본이고 자동차세나 기름 값에 붙는 부가가치세가 있다. 걸어갈 때 내는 세금은, 땅과 관련되니까 재산세나 종합부동산세, 임대소득에 대한 부가가치세, 소득세가 있을 것이다. 난로에 대한 세금은, 전기요금은 기본이고 난로를 구매할 때 붙는 부가가치세가 있을 것이다.

20세기 최고의 히트곡을 만들고 미국 교과서에도 실려 있는 비틀스. 그들은 개인 세금 문제의 심각성을 인식한 뒤 세상은 온통 세금이라는 것을 깨닫고 세상 사람들에게 경종을 울리기 위해 이 노래를 불렀던 것이다.

이렇듯 성공을 응징하는 것이 세금이라면 모두가 받아들일 수 있는 가치이겠는가? 이러한 생각을 한 정치가가 미국에도 있었다. 1964년 미국의 공화당 대통령 후보로 지명된 정치가 배리 골드워터다. 배리 골드워터는《보수주의의 양심》이란 책을 출간했다. 이 책은 1960년 초판 이후 누계 350만 부 이상 판매된 '보수의 성경(聖經)'으로 소개된다. 이 책에서 눈여겨볼 만한 중요한 대목이 있다.

연 1만 달러 버는 사람이 수입의 20%를 내는 데 비해, 연 10만 달러 버는 사람이 90%의 세금을 내는 것은 공정에 관한 나의 신념으로는 용납할 수 없다. 나는 성공을 징계해야 한다는 가치를 지지할 수 없다.

배리 골드워터는 초보수적인 정견을 내세웠으나 대통령 선거에서는 큰 표 차이로 패배하였다. 그러나 그도 비틀스처럼 조세저항의 목소리를 높였던 것이다.

미국 국세청 IRS와
대한민국 국세청 NTS

미국인들이 가장 싫어하는 정부기관 1순위는 어디일까? 미 정부 재무부 산하 최대 기관인 국세청(Internal Revenue Service, IRS)이다. 이 중 IRS 산하의 세무범죄조사국(IRS Criminal Investigation Division, IRS-CID)은 연방 차원의 탈세범 검거를 담당한다. 납세를 거부하면 주 방위군이나 연방군과 같이 출동하기도 한다. 지구 끝까지 쫓아가서 한 푼도 남김없이 털어버리는 '힘'을 보여주는 기관이다.

세무공무원이 우주선으로 들이닥칠지도!

이런 미국 국세청에 대한 국민들의 반응은 어떨까? '반감'과 '혐오' 그 자체다. 그런 실상을 보여주는 사례는 많다. 그중 가장 대표적인 것이 2010년 2월 미국 텍사스주에서 일어난 자살비행공격 사건이다.

당시 조지프 스택(53세)은 경비행기를 몰고 IRS 건물에 고의로 돌진해 현장에서 사망했다.

"빅브라더 세무공무원들아! 내 살을 가져가라."

그는 유서를 통해 세법이 자신을 범죄자이자 노예로 만들어놓았으며 본인의 은퇴 이후 삶을 망쳐놓았다고 주장했다.

이 사건에 대해 미국 네티즌들은 댓글을 통해 'IRS가 건물로 사람을 쳐서 죽였다', '왜 건물을 거기 지어서 비행기를 충돌하게 하느냐', '드디어 소원을 이루었다, 당신들은 세금으로 건물을 다시 올리겠지' 등 IRS에 대한 온갖 증오를 퍼부었다.

지구 밖으로 나가는 우주인도 세금납부를 먼저 걱정한다. 아폴로 13호에 탑승한 잭 스와이거트가 지상의 관제팀에 "세금신고를 하지 못했다"는 발언을 하자 관제팀에서 이렇게 걱정해주었을 정도다.

"그러면 세무공무원들이 우주선으로 들이닥칠 거야."

다행히 닉슨 대통령의 지시로 세금신고가 연기되었단다. 이유는 '미국 영외 지역'이기 때문에.

심지어는 FBI도 두려워하지 않는 거물급 범죄조직도 IRS는 공포의 대상이다. 실제로 마피아의 거두인 알 카포네가 몰락한 것도 국세청에서 탈세 혐의를 잡은 것이 결정타였다. 살인죄는 피해 갈 수 있어도 세금은 피해 갈 수 없다는 교훈이다.

우리나라는 불법거래에 해당하는 마약거래나 매춘에 대해서는 신고받는 시스템이 없다. 그러나 미국에서는 마약상이나 성매매업자들도 세금은 낸다고 한다. 실제로 유흥업소 종사자들의 경우, 이들이 체포되는 가장 큰 이유는 성매매나 음란행위가 아니라 현금거래에 대한 탈세다. 주택, 차량 등을 구입할 때 소득신고에 비해서 소비가 많으면 조사받는다.

물론 이런 정도는 1980년대 우리나라 국세청도 이미 해오고 있는 것이다. 당시 20대 술집 아가씨가 2억 주택을 취득하니 국세청에서 자동으로 '취득자금소명안내문'이 날아갔다. 현금 수입이니 소명할 길이 없어 '술 따르는 사진'을 증빙으로 제출하고 끝냈다는 일화는 이제 호랑이 담배 피우던 시절 이야기가 되어버렸다.

나라살림을 위해 징수를 한다는 것은 중요하지만 미국 국세청은 납세자의 편의를 전혀 봐주지 않는다는 문제가 늘 지적된다. 사업을 하는 순간 복잡한 세금 문제 때문에 '지옥의 문'이 열리는 것이다. 영화 〈쇼생크 탈출〉에서 소장 이하 교도관들이 세무양식을 들고 금융인 출신인 듀프레인에게 세무상담을 받는 것도 이 같은 현실을 반영한 것이다. 그나마 우리나라 국세청은 IT 강국답게 훌륭한 서비스를 잘 제공하고 있다. 일부 컴맹은 여전히 불만이 있겠지만.

국세청이 검찰보다 무섭다?!

대한민국에는 흔히 4대 권력기관으로 불리는 네 개의 기관이 있는데 바로 국세청(National Tax Service, NTS)과 국가정보원, 검찰청, 경찰청이 해당된다. 그러나 사실 재계 입장에서 국세청은 검찰보다 무섭게 다가올 수 있는 국가기관이다. 바로 세무조사 때문이다.

군사정권기부터 1990년대 초반까지의 시기에는 그야말로 무소불위의 상징이었다. 심지어 1980년대 모 장관은 9급 세무공무원에게 자금출처 소명을 하는 과정에서 수모를 겪은 뒤 장관 취임 후 첫 일성이 세무공무원 기강확립이었던 적도 있었다.

1999년 안정남 국세청장은 담당구역제도를 폐지하였는데, 그전까지는 소위 '지역 총사령관'이란 표현처럼 사업자들과 유착할 기회가 많았던 것도 사실이다. 고위 공무원들은 권력의 상징이지만 업무를 집행하는 것은 실무직의 몫이기 때문에 가장 말단인 9급 세무공무원이라도 기업체를 흔들 수 있는 힘이 있는 것이다. 그때 나온 말이 "높이 나는 새는 멀리 보지만 낮게 나는 새는 모이를 잘 먹는다"였다.

1980년대 필자가 세무대학에 재학하던 시절, 국세청 출신 세법 교수는 강의 중에 "세무공무원이 세무조사를 하게 되면 사장부터 경리부장까지 모두 칙사 대접을 하였다"고 하며 '견금여석(見金如石)'을 강조하였다.

박정희와 전두환 시절의 국세청은 상상 이상으로 막강했다. 5공화국 첫 국세청장을 지낸 안무혁은 임기 후 안기부장으로 가게 된다. 당시 국세청은 장영자 사건, 명성그룹 사건, 국제그룹 사건 등을 해결하며 자존심이 높아져 있었고 당시 별명이 '경제 안기부'였다. 안무혁은 안기부장 취임 후 안기부 보안이 허술하다며 국세청 직원들을 본받으라 호통쳤다고 하는데, 이 일화가 당시 국세청의 위상을 말해준다.

참고로 '끝까지 추적하여 반드시 징수한다'는 38세금징수과는 국세청 소속이 아니고 서울특별시 소속이다. 국세가 아닌 서울시 지방세를 징수하는 조직으로 만들어졌고 국세청과는 완전 별개다.

마무리하겠다. 영화 〈부당거래〉에서는 부패 검사인 주양(류승범 분)이 탈세로 구속된 자신의 스폰서 김양수 회장(조영진 분)에게 이런 대사를 하였다. 주 검사와 김 회장이 검찰에서 만나는 장면이다.

주 검사 : 회장님, 서로 번거롭게 이게 뭡니까? 세금은 우리도 어떻게 못해. 세금은 적당한 선에서 내고 그러세요. 나라에서 뭐 다 좋은데 쓰고 그럽니다.

김 회장 : 세금 낼 거 다 내고 하면 우리 주 검사님 양복은 누가 맞춰 주나?

최근 금융정보분석원(FIU)의 탈세 혐의가 있는 모든 금융거래정보를 국세청이 들여다볼 수 있도록 하는 법안이 통과되었다. 점점 정보의 집중화가 되어가고 있지만 여전히 탈세는 줄어들지 않는 현실이다.

탈세자의 숨긴 재산을 찾아라

　20년 전이나 지금이나 세무서의 풍경은 겉만 달라졌을 뿐 업무 분위기는 근본적으로 같다. 세금을 안 내려는 자와 받으려는 자의 전쟁이다.

　20년 전 위장이혼한 체납자가 있었다. 주민등록주소는 혼자 사는 것으로 되어 있으나 자택에 가서 보니 남녀 신발 두 켤레가 있고 빨래도 남녀 쌍쌍이라 미리 사진을 찍은 다음에 체납자를 만났다. 그리고 찍은 사진을 보여주며 현재 정황에 대한 확인서를 받고 나서 말했다.

　"부인 앞으로 되어 있는 재산은 사해행위 소송해서 세금충당하겠고, 체납처분면탈죄로 통보하겠습니다."

　이렇게 말하자 그 자리에서 전액 납부했다.

기막힌 재산은닉 사례들

체납처분을 하다 보면 별의별 사례들이 다 있다. 심한 경우는 마치 거위가 얼굴만 모래 속에 처박고 늑대들이 지나가기를 바라는 것 같은 정도로 눈에 뻔한 경우도 있다.

필자는 2000년도에 《체납정리백과》를 쓰면서 체납추적 사례를 게재하였다. 20년이 지난 지금, 여전히 세금 안 내는 사람들은 많다.

국세청에서는 체납자들이 어떠한 지능적인 수법으로 세금을 빼먹더라도 악의적 범죄행위는 끝까지 추적하여 징수한다. 그래서 이번에는 이러한 납세불순응을 응징하고 경각심을 심어주고자 국세청의 체납추적 사례를 살펴보고자 한다. 이러한 사례는 필자가 '납세의식과 징수행정만족도 연구'에 관한 박사논문을 준비할 때도 많은 도움이 되었다. 도대체 어떻게 재산을 빼돌리는지 많은 사람들이 눈 크게 뜨고 보아야 한다.

은닉한 자금으로 믿을 만한 배우자, 자녀, 친척 명의로 부동산을 취득하거나 예금한 사례가 대표적이다. 체납 법인이 고가의 부동산을 명의신탁으로 취득하여 은닉한 사례도 많고, 체납되기 전 미리 허위 근저당을 설정한 사례도 있다. 이런 상황이다 보니 실제로 은닉재산을 신고해 포상금을 지급받는 경우도 늘고 있다.

체납자가 고액의 급여를 자녀 명의로 수령하거나 체납자가 위장이혼하여 재산을 배우자 명의로 이전한 경우는 아주 흔한 사례이고, 차명의 대여금고에 재산을 은닉하기도 한다.

체납추적을 피하기 위해 몸부림치는 재산은닉 사례는 점점 진화하고 있다. 요즘은 비트코인 등 가상화폐에 숨기는 경우가 많고, 대부분 여기 숨겨놓으면 국세청에서 찾아내지 못하는 것으로 공공연히 떠들고 다니지만, 국세청은 모두 추적하여 추징하고 있다. 국세청은 빅데이터 분석을 통해 재산은닉 혐의가 있는 고액체납자를 추적조사 대상자로 선정해 숨긴 재산을 추적한다. 현장탐문 방식 대신 빅데이터를 활용한 생활실태 분석을 함으로써 추적조사의 실효성을 높이려는 것이다.

체납발생 즉시 동거인에게 유일 재산을 편법 이전하여 재산은닉한 사례가 있고, 체납자 친인척 명의로 외환자금을 송금하여 해외에 재산은닉한 사례도 있다. 비트코인 등 가상자산을 이용한 재산은닉 체납자들을 보면, 병원 사업소득을 가상자산으로 은닉한 고소득 전문직이 있고, 전자상거래업 수입금액을 가상자산으로 은닉한 사람도 있다. 고액의 부동산 양도대금을 가상자산으로 은닉하거나, 금융재산 상속세를 무납부하고 가상자산으로 은닉한 사례 등 여러 유형들이 있다.

무식하면 용감하다는 말이 있듯이, 무모하게 탈세하고 재산은닉하여 세금을 안 내려고 하지만 결국은 더 큰 손해를 보게 된다. 대한민국 국세청 시스템은 단돈 몇 십만 원이라도 돈의 움직임을 손바닥 들여다보듯 투명하게 다 지켜보고 있다. 세금탈루와 재산은닉하는 사람들이여! 부디 마음 비우고 납세순응하는 것만이 최선이다. 정보의 비대칭으로 이길 수 없다는 사실을 깨닫고, 절세는 있을지언정 탈세는 없다는 것을 분명히 새기길 바란다.

체납자와 세무당국의
총칼 없는 전쟁

필자가 국세청에 근무하던 1980년대부터 2010년대까지 돌아보면, 체납처분은 늘 조용한 날이 없다. 납세자의 재산권을 직접적으로 침해하는 민감한 부분이다 보니 그럴 수밖에 없을 것이다. "이제 길거리 나앉게 생겼으니 세무서장실 비워내라"고 고함치는 사람, 세무서 옥상에서 투신자살하겠다는 사람, 담당 공무원 출근시간부터 퇴근시간까지 하루 종일, 그것도 모자라 퇴근 후에도 쫓아다니는 사람, "너 죽이고 나도 죽겠다"고 협박하는 사람 등등 천태만상이다.

세금 안고 죽을 겁니다!

15년 전쯤 일이다. 학교 후배가 세무서로 찾아왔다. 그 당시 필자는 현직에 있을 때였다.

"형님! 다름이 아니고 저희 아버님께서 부동산을 12억에 팔았는데 세금이 3억 나와요. 어떻게 해야 돼요?"

절세는 있을지언정 탈세는 있을 수 없다. 절세할 수 있는 방법을 찾아보고 없으면 납부하면 된다. 아무리 궁리해봐도 3억이 최선의 방법이다.

"방법이 없으니 그냥 마음 비우고 세금 내라! 오히려 지금 세금 내고 아버님께서 잘 쓰시다 돌아가시면 상속세도 줄어든다."

이렇게 조언했지만 필자의 의견은 받아들여지지 않았다. 나중에 후배에게 물어보니 이런 대답이 돌아왔다.

"아버님이 1970년대 세무공무원을 하신 경험이 있는데 못 내겠다고 하셨어요. 연세가 80세가 넘으셨고 암수술도 세 번이나 해서 수술 비용도 많이 들어갔고 은행부채도 많아서 세금 낼 형편이 안 되거든요. 그래서 세금을 안고 돌아가시겠다고 하셨어요."

이미 일은 저질러진 일, 선택은 당사자들이 하는 것이고 감당하는 것도 본인들 몫이다. 본인들이 어련히 잘 알아서 하겠거니 생각하고 잊었다.

세월이 흘렀다. 나중에 들리는 이야기로, 그 후배가 은행에 가서 양도대금을 몽땅 현금으로 인출하였다고 한다. 이러한 사실을 국세청 체납추적팀에서 포착하였다. 체납추적팀이 은행을 방문하여 양도대금 추적조사를 하다 보니 확인된 것이다. 현금 인출을 하기 위해 제출한 아들과 며느리의 신분증 사본과, '1만 원권 현금 11박스'로 빼 간 사실이 국세청에 적발되었다. 무려 11억 원이라는 돈을 현금으로 찾아간 것이다. 그 당시는 5만 원권도 없던 시절이었으니까.

체납추적팀은 즉시 체납처분면탈죄로 고발함과 동시에 증여세를 추징하겠다는 공문을 보내왔다. 반풍수 집안 망친다고, 섣불리 세금 안 내고 버티려다가 결국 '체납처분면탈죄'와 '증여세 과세'라는 더 큰 응징을 받게 된 것이다. 필자는 후회막급이었다. 후배에게 좀 더 충분히 적극적으로 설명하고 설득했다면 이런 일이 생기지 않았을 텐데.

국세청은 2006년도부터 고액체납자의 은닉재산을 찾기 위해 국민의 참여를 통한 은닉재산 신고포상금제도를 운영하고 있다. 은닉재산 신고 시 최대 20억 원을 지급한다. 이렇듯 세무당국은 세금 안 내려는 사람들의 재산추적을 물 샐 틈 없이 하고 있다. 납세신뢰를 바탕으로 납세순응하는 성숙한 사회가 오는 그날까지 세금 안 내려는 탈세자와의 전쟁은 계속될 것이다.

그런데 전쟁의 결과, 2000년부터 2020년까지 20년간의 정리보류 금액이 153조이다. 이러한 통계수치를 보면 총이나 칼, 주먹으로 조세저항하는 것이 아니라 세금을 안 내는 것으로 저항하고 있는 것이 자명하지 않은가? 이 정도 규모이면 과연 누가 승자일까……?

체납처분 현장,
그 집행의 살벌함

이는 필자가 국세청 근무 당시 직접 체납처분 업무를 하면서 경험했던 일이다. 국세공무원의 가장 큰 애로사항 중 하나는 체납정리 업무이다. 그래서 필자는 글을 남겨서 동료들이 하는 업무에 조금이라도 도움이 되고자 《체납정리백과》라는 제목의 책을 지었는데, 그때나 지금이나 징수 업무는 'never ending story'이다.

체납처분 현장은 한마디로 공포스럽다. 국민의 재산권과 직접 부딪치는 문제이기 때문에 저항이 심하다. 심지어는 체납자가 욕설을 하는 경우도 있다.

일선 세무서에 있는 국세공무원들이 현장에 나가서 체납처분하는 경우는 많지 않다. 아마 압류봉표를 사용해본 직원을 찾는다면 2만여 명 국세청 직원 중에서 몇 명도 안 될 것이다. 지방세의 경우는 38세금징수과에서 체납처분 활동을 하면서 많이 활용하고 있다.

지게차 돌격 앞으로!

그 당시 필자가 직접 체납처분 현장에서 겪은 실화를 살펴보겠다.

일반적으로 '압류딱지'라고 불리는 압류봉표로 기계장치를 압류했다. 계속사업자인지라 회사 직원들 눈도 있고 하여 배려하는 마음으로 압류봉표를 잘 안 보이는 곳에 붙였다. 그리고 공매를 했는데 5회까지 유찰되었다. 그런데 체납자는 전혀 납부할 생각조차 하지 않고 있었다.

한 달 뒤, 체납 독려차로 전화했더니 체납자는 노름빚을 몇 억 지고 야반도주하였다고 한다. 그래서 물어 물어 새로 인수한 사장을 만났는데, 자기는 돈 줄 것 다 주고 기계장치를 샀다면서 자기를 개입시키지 말라고 한다.

필자가 외쳤다.

"아니, 국가에서 압류한 재산을 누구 마음대로 사고판다는 말입니까?"

그랬더니,

"아니! 무슨 말도 안 되는 소리 하는 거예요? 압류딱지 붙어 있는 것도 안 보이잖아요."

사업장을 새로 인수한 사업자는 항변하였다.

"저기 붙어 있는 압류봉표를 보세요. 그 증거가 있지 않습니까?"

필자는 이런 일이 있을 줄 알고 사진도 찍어놓고 압류봉표도 붙여놓았다. 문제는 압류봉표가 시꺼먼 기름에 젖어 있어 잘 보이지 않았다는 것이다. 나중에 안 사실이지만, 압류봉표는 잘 보이는 곳에 붙이는 게 맞다. 이렇게 선의의 제삼자가 피해를 보지 않게 하기 위해서 말이다.

어쨌든 필자로서는 더 이상 물러설 수 없는 상황이었다. 압류한 기계장치가 공매 진행 중이었기 때문이다.

매수자에게 계약서를 보자고 하였다. 계약서를 보니 아직 잔금이 남아 있다. 그래서 즉시 잔금에 대한 채권 압류를 하고 시한을 일방적으로 정하여 계속 현금납부를 독려하였다. 잔금을 압류하면 기계장치를 매수한 인수자는 체납자에게 잔금을 주는 것이 아니라 세무서에 내면 되기 때문에 금전적인 손해는 없다.

■ 국세징수법 시행규칙 [별지 제44호서식]

국세 강제징수에 따른 압류동산

체납자 성명

년   월   일 압류

세무서장 [인]

※ 이 봉표를 훼손하면 형법 제140조의 규정에 의한 처벌을 받게 됩니다.

210㎜×297㎜[백상지 80g/㎡ 또는 중질지 80g/㎡]

<국세 강제징수에 따른 압류동산에 부착하는 양식>

그런데 체납자와 매수자가 전혀 반응은 보이지 않고 잔금 날짜가 지났는데도 아무 소식이 없다. 이제 더 이상 기다릴 수 없다. 더욱더 강도 높은 조치를 할 수밖에.

비장한 각오로 날을 잡아 그 사업장으로 갔다. 사업을 인수한 사장은 보이지 않았다. 직원들 이야기가 지금 사장님은 병원에 가시는 중이라 한다. 부인의 출산 준비 때문에. 하지만 이대로 돌아갈 수는 없다. 여러 차례 약속을 어긴 터라 어떠한 핑계라도 허용할 수 없었다. 약속 불이행에 따른 체납처분 조치가 어떠한 것인지를 분명히 알려줘야만 정리가 될 거란 판단이 섰기 때문이다. 그래서 고민 끝에 근처에 있는 지게차를 동원하여 시쳇말로 '돌격 앞으로!'를 하였다.

이렇게 체납처분 절차를 집행하고 있는 찰나에 그 사장이 막 뛰어오는 것이었다. 직원들이 사장에게 연락을 수차례 한 것이다. 수십 명 직원들이 자기들의 생계 문제와도 직결되는 긴박한 상황이었기 때문이다.

사장은 들어오자마자 쇠파이프를 잡고 휘두르는 시늉을 하더니 나의 허리띠를 잡는 것이었다. 순간 필자는,

'아! 이것 뭐지? 쇼를 하는 건가?'

나도 쇼, 너도 쇼. 하지만 이것은 어디까지나 체납징수를 하고자 하는 것이지 결코 폭력으로 해결할 성질의 것이 아니었다.

폭풍이 지나간 뒤의 고요함처럼, 그 뒤 기계장치에 대한 잔금을 다 받아 체납액에 충당하였다. 그리고 기계장치는 공매중지하고, 잔금으로도 모자란 부족분은 결손(현재는 정리보류) 처분하였다.

체납공무원의 목숨은 몇 개?

"야! 이 개××야! 거기 있어, 내가 식칼 들고 갈 테니까. 가만히 있어. 내가 죽든지 네가 죽든지 결판 내! 거래처 압류해서 내 목을 치려거든 너부터 죽어봐! 내가 다른 세무서에도 체납이 있는데 거기도 내 거래처에 압류를 해서 줄초상을 냈는데 너도 한번 당해봐!"

이것은 소설에서 나오는 대사가 아니다. 실화이다.

이런 일들은 다반사라 경험이 쌓여서 초월이 되어서인지 크게 마음이 동요되지는 않는다. '식칼'이란 표현과 '죽인다'는 이야기를 반복할 때는 솔직히 짧은 순간이지만 두렵다는 생각이 스쳤다.

'내가 만약에 체납정리를 하는 과정에서 죽는다면 순직이 되겠구나! 한번 죽는 목숨 명예롭게 죽는 것도 나쁘지는 않겠구나. ⋯⋯그런데, 이건 좀 아닌데. 아직 살아갈 날도 많은데⋯⋯.'

어쨌든 나로서는 감정에 전혀 휩싸이지 않고 체납자의 말을 중간에 끊지 않으며 끝까지 들어주었다. 어느 정도 말이 끝난 것 같아서 "더 하실 말씀 있습니까?" 하고 물으니 더 이상 없다고 하여 어렵사리 체납정리에 대한 약속만 받고 통화를 끝냈다.

내가 감정대로 얘길 했다면 이야기가 무척 길어졌을 것이다.

"선생님께서 식칼을 들고 지금 여기 와서 힘을 쓰고 싶습니까? 그러면 지금 당장 여기 와서 그 말대로 실행하세요. 만약 그렇게 하지 않으면 공갈협박에 의한 공무집행방해죄로 내가 직을 걸고 반드시 위법조치할 겁니다. 지금 당장 오세요. 한번 죽는 목숨 당신 손에 깨끗이 죽어서 순직할 테니까."

이렇게 하고 전화기를 집어던지듯 끊는다면 아마 수차례 전화가 오고 갈 것이며, 피차 피곤해질 것이다. 이것은 시간낭비다.

극과 극은 통한다. 그 정도로 강력하게 반발할 정도라면 오히려 쉽게 약속이 될 뿐만 아니라 약속도 정확하게 잘 지킬 것이다. 결국 그 체납자는 그 달 말일까지 5건 중 4건을 낸다는 약속을 하고 약속을 잘 이행하였다.

체납처분 직원들의 에피소드

국자는 국의 맛을 모르는 법. 체납 담당 공무원은 단지 체납정리 업무만 할 뿐 체납자의 표현에 절대 동요하지 않아야 한다. 체납자의 표현에 현혹되지 않고 그 뜻을 헤아려서 나라도 살고 개인도 사는 현명한 방법을 모색할 뿐이다.

여하튼 체납처분을 하게 되면 별의별 일들이 많다.

다음 글은 체납처분에 대한 직원들의 에피소드이다. 국세청에서 재산조회하여 부동산 등을 압류하는 것은 기본이기 때문에 싣지 않고 특이한 몇 가지만 소개한다.

[A직원의 에피소드] '선박 키에 압류봉표를 붙여…'

어업에 종사하는 사장이 체납했다. 압류봉표를 선박 키(key)에다 쇠사슬로 감아 붙였다. 체납자는 그 정리계 직원을 쫓아다니며 죽이겠다고 행패를 부렸다. 그래도 세월이 흐르니까 모든 체납정리가 다 끝났다.

[B직원의 에피소드] '전화기에 압류봉표를 붙여…'

압류봉표를 전화기에 붙여 사무실로 온 다음 전화를 걸어서 체납자가 전화를 받으면 공무상 비밀표시무효죄(형법 제140조)에 해당된다고 주지시켜 체납정리를 하였다. 요즘에는 전화기가 거의 없는 세상이 되어 휴대폰을 압류할 것이다.

[C직원의 에피소드] '드라이버로 차량번호판을 떼내어…'

차량 압류등록을 한 다음 차량 인도명령을 하였으나 아무 반응이 없자 드라이버를 준비하여 사업장에 가서 번호판을 떼어 왔다. 사무실로 돌아와 의자에 앉자마자 체납자에게서 연락이 왔고, 그날 바로 현금징수되었다.

[D직원의 에피소드] '기계장치에 압류봉표를 붙여…'

기계장치에 압류봉표를 붙여 보관증을 받고 공매의뢰하였는데, 그 기계장치는 이미 다른 채권자(조폭)가 압류해놓은 것이었다. 국세의 우선권이 1순위라 공매하여 체납충당하니 그동안 골치 아픈 비싼 고리 이자 부담도 자동 정리하게 되고, 더 이상 조폭 채권자로부터 괴롭힘을 당하지 않게 된 체납자는 오히려 고맙다는 인사를 하였다.

[E직원의 에피소드] '집기, 비품에 압류봉표를 붙여…'

부동산 임대업자인 체납자의 사업장에 가서 집기, 비품 등에 압류봉표를 10여 군데 붙였다. 그랬더니 체납자가 하는 이야기.

"여기 있는 세입자 중 지독하게 세를 내지 않는 사업자(같은 체납자)가 있는데, 나도 이렇게 된 이상 더 이상 참지 않을 겁니다. 안 그래도 그 사업자에 대해 영업중지를 시킬까 했는데, 내일이라도 당장 중지시켜야겠어요."

다음 날 아침 9시에 세입자인 체납자에게서 전화가 와서는 5일 후 내겠다고 한다. 그리고 30분 후, 임대업하는 체납자에게 연락이 와서 5일 후 납부하겠다고 했다. 5일 후에 두 체납이 깨끗이 정리되었다. 일석이조(一石二鳥)의 효과가 나왔다.

'체납자도 억울하다'
어느 의사 체납자의 사연

이것은 실제 사례이다. 50대 체납자의 애달픈 사연이다.

이 체납자는 세 군데 세무서에 체납했다. A세무서와 B세무서, C세무서에서 돌아가며 체납처분을 하면서 체납자를 괴롭혀 ○○지방국세청에 탄원서를 넣었다. '본인의 모든 국세 체납액에 대하여 한 기관(세무서 또는 지방국세청)에서 체납처분해달라'는 것과 '사업장을 운영하면서 납부할 수 있는 범위 안에서 압류, 추심, 분할납부 등 체납처분을 하여 사업장이 정상운영될 수 있도록 해달라'는 내용이었다.

또한 늘 세무행정의 고질적인 문제이긴 하지만, 압류 후 방치 문제이다. 압류하지 않으면 조세채권 일실 문제로 감사지적되니까 기본적인 압류는 하는데 추심을 하지 않아 체납세금에 충당할 수 없는 것이다. 가산금은 늘고 있는데도 말이다. 그래서 '국민건강보험 보험금 채권과 신용카드 매출 채권 압류 후 장기간 추심을 해태하여 발생한 체납가산금에 대하여, 추심 가능했던 날짜로 소급하여 수납정정하여 체납가산금을 조정하여주십시오'라고 진정서를 넣은 것이다. 물론 전혀 반영되지 않았다.

어쩌다 보니 체납자

우선 체납된 경위를 알아보자.

체납자는 2001년경부터 부친과 공동으로 병원을 운영하면서 농협은행에서 약 10억 원의 엔화대출을 받았다. 그런데 이후 환율 급변동으로 인해 원금이 2배에 달하게 됨에 따라 은행으로부터 추가담보 내지는 한화대출로 전환하라는 일시상환 압박을 받게 된 것이 시작이었다. 부채상환 압박으로 인해 부친은 2008년 갑자기 사망하였고, 공동담보로 묶여 있던 가족의 부동산으로 인해 그가 부친 명의 채무를 부득이 인수하게 되었다. 이 또한 세금폭탄이 되리라고는 상상을 못했다.

기존 병원 소재 건물이 매각됨에 따라 거액의 투자를 하였던 건물에서 현재의 병원 자리로 급히 이전하게 되면서 큰 손실을 본 와중에 국세청 세무조사를 받게 되었다. 현금영수증 미발행에 관하여 과태료 및 고발까지 당하는 수모를 받았으나 본인의 상속 문제, 부채 문제 등 개인사로 인하여 제대로 대응하지 못했다. 현금매출 신고는 하였으나 현금영수증 발행을 하지 않았다는 단순한 이유로 과태료가 부과된 것이다.

그 당시 개인 대소사와 가정사가 한꺼번에 터져서 경황이 없어 제대로 대응을 하지 못했던 것이 참 한스러웠다. 농협은행에 담보로 잡힌 본인과 가족 명의 부동산으로 인해 경매압박 및 공매압박에 시달리며 주택공사 수용보상금이 전부 채무상환으로 들어가고 남은 부동산마저 채무상환에 사용됨에 따라 증여세, 양도세가 체납되는 악순환에 이르게 되었다.

추심할 수 없어요, 압류해제 안 돼요

체납 경위는 전술한 바와 같고, 이제는 국세청의 체납처분을 살펴보자.

A세무서(과태료), B세무서(증여세), C세무서(양도 및 종합소득세) 등 3개 세무서에서 그의 예금, 신용카드 매출 채권, 건강보험공단 채권, 부동산, 차량, 보장성보험, 동산 등 모든 재산에 압류를 하였고, 부동산은 공매가 되었다. 그 와중에 C세무서에서 이른 아침에 그의 자택을 수색하여 결국 배우자와 이혼하고 가정파탄이 났으며, 이후 그는 원룸 오피스텔에 월세로 거주하게 되었다. 3개 세무서에서 그의 모든 수입원과 재산을 압류하여 유동성에 심각한 타격을 입은 상태에서 4대보험 체납 및 개인채무 등으로 고통받았으며, 이러한 문제를 해결하고자 산와대부 등 고리대금을 얻어 직원급여 및 4대보험 등을 납부

하였다. 사실 일부라도 압류해제를 했다면 그 돈으로 직원급여를 줄수 있어 대부업체의 고리대금을 빌릴 필요가 없었다. 이 대목에서 분통이 터지는 이유는, 세금 내야 할 돈이 고리대금업자에게 들어간다는 사실 때문이다.

3개 세무서는 그의 유일한 수입원인 병원 매출을 신용카드, 건강보험 채권 등을 압류만 한 상태에서 추심하지 않고 수개월 내지 수년간 방치하면서 "3개 세무서 압류가 경합하여 추심할 수 없다"는 답변으로만 일관하였다. 이러한 기가 막힌 현실에서 어떻게 해서든 병원을 유지하고자 하였으나 망연자실한 상태에서, 2020년 9월 '체납액 상환계획'을 3개 세무서 체납 담당자에게 제출하였다. 다행히 A세무서는 압류를 해제해줘서 분할납부를 약속하였고, B세무서는 C세무서 압류로 인해 압류해제는 불가하다며 분할납부만 강요하였다. C세무서는 압류재산의 추심은 자진납부가 아니라는 이유 같지 않은 이유로 압류해제는 할 수 없다고 하면서 분할납부만 강요했다.

그동안 압류만 하고 추심도 하지 않은 신용카드 매출 채권, 건강보험 채권을 즉시 추심할 것을 요구하였으나 들어주지 않고 있다가 2020년 10월경에는 추심한 금액이 신용카드 매출 채권 4,600만 원에 이르게 되었다. 건강보험 채권은 압류가 경합하여 추심이 어렵다는 이유로 계속 처분을 미루다가 2020년 12월경에 이르러서야 겨우 공탁을 하게 되었다.

위 공탁 채권은 ① 2020년 7월부터 9월까지의 보험금 채권이며 10월부터 12월까지 1,300만 원에 대하여 즉시 공탁할 것을 요구하였다. 어렵게 공탁 요구하였다는 유선상의 답변을 들었으나 2021년 2월까지 공탁되지 않고 있다가 인사이동으로 바뀐 담당자는 모르쇠로 일관하고 있었다. ② 또한 위 공탁금의 배분일자가 2021년 1월 26일로 결정되어 있었음에도 그가 2월 9일 C세무서 체납 담당자에게 유선 확인할 당시 체납 담당자는 위 사실을 전혀 모르고 있었고, 즉시 수납할 것을 요구하였으나 담당자 재량이라는 취지의 답변만 돌아온 채 2월 10일에야 수납되었다. 이에 C세무서가 추심을 게을리하여 그가 추가로 부담해야 하는 가산금이 1,000만 원 이상 늘어났다.

앞으로 코로나 비상상황이 종료되면 기존 고객들이 다시 내원할 것이고 병원은 정상화될 것이다. 그러나 세금체납과 채무 등 사건이 겹치면서 병원 기계교체 등 재투자를 전혀 하지 못하여, 사업 정상화를 위해서는 국세청의 선처가 절대적인 상황이다.

그리고 더 기막힌 것은 추심을 게을리하여 생긴 가산금이다. 2018년, 2019년 신용카드 매출을 추심하지 않고 2020년에 뒤늦게 추심한 금액에 대하여 수납일자를 소급하여 정정해달라고 요청했지만 지금까지도 속수무책이다. 민생을 외면한 답답한 세무행정!

영화 〈나, 다니엘 블레이크〉와 세법치사

박근혜 정부 당시 나온 말 중에 '사법치사(司法致死)'란 말이 있다. 필자는 40년 전이나 지금이나 조세행정에도 '세법치사(稅法致死)'가 일어나고 있다고 본다. 세법 또는 세무공무원 때문에 사람이 죽을 수 있다는 뜻이다. 그래서 세무공무원은 늘 임사이구(臨事而懼)의 자세로 일을 하고 있는 것이다.

마른 수건을 언제까지 짤래?

지금은 전례 없는 코로나19의 위기 속에 모든 국민이 고통을 분담하며 이를 극복하기 위해 노력하고 있다. 부의 편중에 따른 상실감도 점점 커지고 있다. 이러한 사회적 위기를 개인적 축재에 이용하고 우

월한 경제적 지위와 전문지식으로 탈세하는 반사회적 탈세 혐의자에
대해 국세청이 칼을 빼 드는 건 당연한 일이다. 조세행정의 원칙과 질
서는 중요한 가치이다. 그러나 수족이 다 짤리고 몸뚱어리만 남은 사
람에게 현실적으로 낼 수 없는 체납세금을 독려하는 것은 위험하다.

아무리 '마른 수건도 짜면 물이 나오게 한다'지만, 계속 사업을 유
지하면서 체납세금의 80%를 이미 납부하였고 생활비 이외의 돈은 모
두 국세, 지방세, 4대보험, 과태료로 빠져나가고 있는데 세금 완납을
안 했다는 이유로 또다시 체납처분을 하겠다니. 아, 이제 사채 고리대
금을 빌려서 내어야 한다는 말인가? 국세청은 체납자 편이 아니고 고
리대금업자 편인가? 숨 쉴 틈은 남겨둬야 하지 않는가? 앞의 체납자는
세 군데 세무서에서 돌아가면서 독촉을 해대니 죽을 지경이다. 민생
을 외면한 세무행정이다.

막다른 골목에서는 쥐도 고양이를 문다

금융비용, 교육비, 의료비, 주거비, 생활비 등 최소한의 비용을 차
감한 나머지 돈을 모두 세금으로 내는 사람들은 징수실적과는 무관하
게 그들이 사업에 집중할 수 있도록 도와줘야 세금도 더 많이 낼 수 있
다. 막다른 골목에 가면 쥐도 고양이에게 덤빈다. 체납자도 생각이 있
다. 밟으면 꿈틀거린다.

'이렇게 힘들면 그냥 두 손 들고 지인들이 운영하는 병원에 가서 페

이 닥터로 일하면서 현금급여 받고 5년 버티면 된다.'

앞 사례 속의 의사는 이런 생각을 수없이 했다고 한다.

실제로 20년 전 병원 운영에 실패한 의사를 보았는데 그도 체납 때문에 급여 받는 의사로 전향했다. 물론 현금으로 월급을 수령한다고 하였다. 이것이 가렴주구하는 세정에 대한 힘없는 체납자의 조세저항 방식이다.

세무공무원들은 고소득 자영업자인 의사에 대해서는 아주 쎄게 징수하겠다는 의지가 강하다. 이런 과정의 끝은 어떻게 되는가? 체납자는 두 손 두 발 다 들고 항복이다. 세금은 못 내고 지하경제로 숨어버린다. 이렇게 만드는 원인제공을 공무원들이 하면 되겠는가? 이러면 결국 국가도 무조건 손해 아닌가?

김진명 작가의 《황태자비 납치사건》에 있는 대목이 생각난다.

부당하다고 생각하는 순간 실행하라! 용기는 자유를 주지만, 비겁함은 굴종을 의미한다.

이런 말은 소설에서 나오는 이야기다. 늘 납세자는 백전백패이다. '마법의 성'에서는 '마법의 성' 안에 있는 무기로 싸워야만 이길 수 있다. 아무리 목소리를 높이거나 몸부림쳐도 물같이 까닥도 안 한다. 역사 속에 명멸했던 오줌세, 난로세, 수염세, 창문세, 토지초과이득세 등의 폐지는 조세저항하는 피맺힌 사람들의 연대가 있었기 때문에 가능하였던 것이다.

법은 누구를 위해 만들어졌나?

다시 처음 이야기로 돌아가자.

세 군데 세무서 담당자들은 소통하지 않았다. 서로 상의 없이 징수 행정을 하면 결국 다치는 건 체납자이다. 그에 대한 업보는 어떠한 형태로든 받게 될 것이다.

2017년 각 국제영화제에서 상을 휩쓴 영화 〈나, 다니엘 블레이크〉에 나오는 마지막 대사가 있다. 이것을 체납자 버전으로 바꿔봤다.

"나는 비록 세금을 못 낸 체납자이지만 게으름뱅이도 사기꾼도 거지도 도둑도 아닙니다. 나는 증여세, 상속세, 소득세는 잘 몰라도 가장으로서 묵묵히 책임을 다하며 떳떳하게 살았습니다. 난 오만하게 살지도 않았고 이웃이 어려우면 그들을 도왔습니다. 누구에게 구걸을 하거나 기대지도 않았습니다. 나는 비록 체납자이지만 개가 아니라 인간입니다. 이에 나는 내 권리를 요구합니다. 인간적 존중을 요구합니다. 나는 한 사람의 시민 그 이상도 이하도 아닙니다."

다니엘 블레이크는 정부가 고용한 공무원들이 내세우는 규칙 앞에서 절망한다. "법과 제도는 누구를 위하여 만들어졌는가"라고 절규하는 것이다.

세법의 원칙과 세무행정의 질서는 매우 소중한 가치이다. 그러나 국민의 재산권은 더 귀한 가치이다. 본래 국민의 재산권을 지켜달라고 징수 권한을 준 것은 국민 아닌가. 그런데 오히려 재산권을 침해하다니. 의사 스스로 자기가 가난하다는 증명을 해야 체납처분이 멈출 텐데, 없는 재산을 어떻게 보여줄 수 있단 말인가.

필자가 좋아하는 논어 위정편에 나오는 구절로 마무리하고자 한다.

법으로 이끌고 형벌로만 다스리면 백성은 빠져나가려 하되 부끄러움을 느끼지 않는다. 덕으로써 이끌고 예로써 다스리면 부끄러움을 느끼고 나아가 선하게 된다.

道之以政 齊之以刑, 民免而無恥. 道之以德 齊之以禮, 有恥且格.

체납자의 눈물과
세무공무원의 눈물

감정의 끝은 눈물이다.

순수한 눈물은 더 짤까?

사업을 잘해서 가족을 먹여 살리겠다는 순정과 세무공무원으로서 나라살림을 하겠다는 순정. 어느 순정이 더 순수한 것일까?

그 순정이 상처받아서 나오는 결정체가 눈물인 것이다.

어느 시인은 "눈물은 왜 짠가?"라고 읊었다. 체납자의 눈물과 세무공무원의 눈물, 어느 눈물이 더 짤까? 이 질문을 의사인 친구에게 했더니 "마음의 고통이 더 큰 사람이 더 짜겠지!"라고 한다. 의학적인 근거가 있는 것은 물론 아니고 그냥 자기 식대로의 생각이란다.

그 눈물은 늘 매출채권 압류와 관련된다

필자도 20여 년 전 똑같은 경험을 했다. 징세과 업무를 보고 있을 때다.

"당신 이제 끝났어. 내가 가만히 안 둘 거야. 반드시 너를 손보고 말 거야. 왜 말도 없이 내 거래처에 압류를 한 거야? 내가 얼마나 힘들게 거래선을 뚫은 줄 알아? 이제 내 거래처 날아가게 생겼으니 너도 저 멀리 보내버릴 거야. 내 눈에 피눈물 나니 너도 똑같은 꼴 당해봐. 반드시 그렇게 하고 말 거야!"

그 말을 듣는 순간 무서움이 엄습했다. 아일랜드 속담이 생각났다.

"흐르는 눈물은 괴로우나 그보다 더욱 괴로운 것은 흐르지 않는 눈물이다."

눈물은 나오지 않았지만 순간 '멍'해졌다.

'앗, 잘못하면 순직해야 하는 건가?'

그리고 20년 후. 서울에 있는 현직 세무공무원의 말.

"저는 한 시간 동안 눈물을 흘렸어요. 책상 위의 서류들이 다 젖었어요. 체납자는 동물농장 시리즈로 저를 욕했어요. 체납정리 업무의 기본이 압류인데, 매출채권 압류했다고 저를 가만두지 않겠다는 거예요."

거래처 매출채권이 압류된 체납자는 극도의 반응을 보인다. 체납정리 업무를 해보면 늘 거래처 매출채권 압류가 문제다. 필자는 사업가가 아니라 공감에 한계가 있긴 하나 매출채권 압류는 사업가에게 치명적인가 보다. 반응이 무섭다.

체납처분에 있어서 재산의 종류는 여러 가지가 있다. 부동산, 주식, 채권, 자동차, 예금, 보험, 공탁금 등. 그런데 유독 매출채권 압류는 조세저항이 너무 심하다. 매출채권 압류는 직접적으로 계속사업자의 목줄을 찌르는 것이리라. 체납자 본인 재산에 대한 압류는 본인이 스스로 감당할 몫이지만 '거래 상대방이나 제삼자가 알게 된다'는 것은 사업상 리스크가 너무 큰 일인 것 같다.

공자가 말한 네 가지 악덕

매출채권 압류의 경우 세무공무원이 체납자에게만 미리 예고장을 띄우고 집행하기에는 행정력 부족으로 인해 현실적으로 상당히 어렵다. 그럼에도 불구하고 계속사업자의 입장을 고려한다면 체납안내문을 미리 보내는 것이 따뜻한 세정일 것이다. 단, 기한을 정하고 그 기한 내에 반응이 없으면 그때 비로소 거래처에 통보하는 것이다.

여하튼 본인 아닌 제삼자가 안다는 것은 매우 치명적인 일이다. 체납 납부독려 등 독촉은 하되 완급을 조절하여 기한을 여유 있게 하며, 사전에 미리 주의를 줄 뿐만 아니라 납세자가 받는 혜택에도 인색한 마음을 버려 '옹졸한 벼슬아치'라는 소리를 듣지 않도록 하여야 할 것이다. 납세자를 존중하고 납세자의 니즈에 맞는 결과를 도출하려면 지금의 소극행정을 청산하고, 국세청이 보유하고 있는 납세자 본인

정보에 대하여 개별적인 통보를 해주는 것은 기본이다.

공자의 제자 자장이 "무엇을 네 가지 악덕이라고 합니까?"라고 묻자 공자는 이렇게 대답했다.

가르쳐주지도 않고서 잘못했다고 죽이는 것을 '학대'라 하고, 미리 주의를 주지도 않고 결과만 보고 판단하는 것을 '포악하다'고 하며, 명령을 내리는 것을 태만히 하면서 기일만 재촉하는 것을 '해친다'라고 한다. 또한 사람들에게 고르게 나누어주어야 함에도 출납을 인색하게 하는 것을 '옹졸한 벼슬아치'라고 한다.

不敎而殺謂之虐 不戒視成謂之暴 慢令致期謂之賊 猶之與人也 出納之吝 謂之有司.

이 말은 동서고금 공히 통하는 것으로, 국세행정을 이끌어가는 이들은 납세자의 고통을 생각하고 국가의 미래를 위한다면 어떤 안목으로 대처해야 할지를 진지하게 고민해보아야 할 것이다.

이렇듯 칼자루를 쥔 세무공무원도 눈물을 흘린다. 그만큼 매출채권 압류는 체납자의 저항이 정말 강하다. 또 매출채권 압류는 공무원이 압류 후 방치하여 장기체납자가 되는 유형 중의 하나이다. 왜냐하면 징수할 실익이 없는 것들이 대부분이기 때문이다. 이 또한 체납자의 눈물이 되는 사례이기도 하다.

헌법보다 위에 있는 세법,
참 무섭다

체납세 징수 업무는 납세자의 재산권을 침해하는 일인지라 세법에 따라 엄정하게 처리해야겠지만, 특히 사생활 침해에 대한 문제는 현대를 살아가는 사람에게 매우 민감한 문제이다.

앞서 언급한 사례는 체납자가 아닌 이해관계자에게 통보한 것이다. 압류통지서를 제삼자에게 통보한 사례 중에 극강이 있다. 희귀한 케이스이긴 한데 이런 일이 있었다.

신문기자가 양도소득세 체납을 하였는데 아무리 독촉해도 징수가 잘 되지 않아 기자가 살고 있는 아파트를 압류하였다. 문제는 이해관계자에게 통보해야 하는 규정에 맞춰서 그 아파트 사는 사람들 전체에게 압류통지서를 보냈다는 것이다. 그런 상황을 맞이한 체납자의 반응은 어땠을까? 그 뒤의 일은 상상에 맡기겠다. 체납 업무를 하다 보면 말도 안 되는 희한한 일이 다 있다.

잠깐, 내 인권은 어디로?!

예전에 유럽에서 소득세 신설을 반대하면서 외친 구호가 "소득세는 신의 저주"라는 말이었다. 아주 강력한 표현을 사용하였는데, 정작 세율은 3%에 불과했다. 그 속내를 보니 세금 자체에 대한 부담보다는 징수 과정에서 사생활이 노출된다는 문제 때문이었다. 마치 1662년 영국에서 만든 악명 높은 난로세처럼. 세무공무원이 언제든지 집을 검사할 수 있는 권한이 있었으니 개인 사생활 침해 문제가 나올 법하다. 결국 난로세는 27년 동안 존속하다가 1689년 폐지되었다.

상속세 조사를 하다 보면 사생활은 자연스럽게 노출된다. 일부 단체에서는 선진국처럼 상속세를 없애자는 주장을 끊임없이 하고 있다. 살아생전에 성실히 납세의무를 다했는데 또 내는 것은 부당하다는 것이다. 상속세 조사를 하게 되면 반드시 자금사용처를 확인하게 된다. 늘 이런 과정에서 피상속인의 사생활이 노출될 수밖에 없다.

물론 상속인들은 돌아가신 분의 행적을 잘 모른다. 그러나 어떻게든 자금사용처를 밝혀야 한다. 밝히지 않으면 모두 상속인의 세금이 되기 때문이다. 부모님이 돌아가셔서 눈물을 흘리기도 하지만 전혀 생각지도 않은 곳에 돈이 흘러간 사실을 알게 되면 애틋한 마음 대신 '욕망 가득한 인간들의 실상'을 느끼게 될 것이다.

참 나쁘다. 고인의 명복을 빌고 좋은 추억만 가슴속 깊이 간직해도 슬픈 일인데 나쁜 기억을 소환해야 하다니. 이처럼 고인의 사생활은 노출되고 인간의 정은 무너진다.

세금은 생활정치다

2007년 잠실 5단지 아파트 앞을 지나가는데 붙어 있는 현수막이 눈에 띄었다.

"못 살겠다, 세금폭탄. 정권교체 이뤄내자."

왜 저런 현수막이 붙었을까 곰곰 생각해보니, 그 당시 노무현 정부는 양도소득세 과세를 '기준시가'에서 '실지거래가액'으로 바꾸었는데, 이 증세에 대한 항의성 행동인 것이었다. 세율조정은 하지 않고 실가과세로 전환되면서 세금이 무거워진 것이다. 그래서 노무현 정부는 정권 재창출을 못 했을까?

여기까지는 파고다공원에 있는 할아버지들이 많이 하는 이야기일 것이다.

실가에 의한 양도세 과세를 하기 위해 초창기에는 등기부등본에 실지거래가액까지 표시가 되기도 하였다. 문제는 2007년도에 실가과세로 전환되면서 체납이 늘었다는 점이다. 왜냐하면 매도자의 양도소득세 신고 시 취득가액의 실가가 노출되면서 전(前) 소유자에게 추징되는 사례가 줄줄이 발생한 것이다. 세월이 벌써 5년, 10년이 흐르다 보니 그 양도대금은 온데간데없으니 어떻게 세금을 낼 수가 있겠는가? 체납이 될 수밖에 없는 것이다.

3대 시민혁명이 왜 일어났는데!

세금과 정치는 매우 밀접한 관련성이 있다. 물론 세금 전문가는 정치에 대해선 문외한임에 틀림없다. 그러나 세금 전문가들 사이에서 나오는 이야기는 "조세정책은 차기 정권 재창출에 매우 중대한 영향을 미친다"는 것이다. 세금은 곧 생활이기 때문에.

영국의 청교도혁명, 프랑스혁명, 미국의 독립전쟁 등 세계 3대 시민혁명이 왜 일어났겠는가? 모두 불공정한 세금 문제가 도화선이 된 것 아닌가!

이처럼 세금은 사람들 생활에 직접적으로 영향을 주기 때문에 늘 불만이 생길 여지가 많다. 몇 년 전, 일선 세무서장 후배의 말이 생각난다.

"체납처분을 너무 강하게 하면 '폭동'이 일어난다!"

그렇다고 세무공무원들이 폭동이 일어날 것을 지레 겁먹고 업무를 게을리하지는 않을 것이다. 만약 업무를 태만하게 한다면 악의적인 체납자가 극성을 부리고 세법 질서가 무너질 것이다. 그래서 적극적인 체납처분 행위는 늘 납세신뢰를 바탕으로 하여 자연스럽게 납세순응을 이끌어내야 하는 것이다.

체납세금에 대한 잘못된
상식 10가지

[첫째, 체납세금은 평생 간다]

이것은 잘못된 상식이다. 국세기본법 제27조를 보면 국세징수권 소멸시효가 5년이다. 5억 이상 체납자는 10년이다. 시효중단이 되지 않으면 5년이란 시간이 지나면 체납세금은 자동 소멸된다.

[둘째, 체납세금은 '체납독촉안내문'을 송달받을 때마다 시효가 중단된다]

이것도 잘못된 상식이다. 국세기본법 제28조에 의하면 고지, 독촉, 교부청구, 압류를 하면 '시효중단'된다고 되어 있지만 고지, 독촉, 교부청구는 모두 1회성인 것이다. 최초에 보낸 것만 시효중단이 된다. 필자가 우연히 인터넷 검색을 하다 깜짝 놀랐다. 10년 뒤 체납독촉안내문을 받아도 시효가 중단된다는 잘못된 내용이 뜨는 것이다. 대부분 사람들은 이렇게 알고 있는데 이것은 잘못된 상식이다.

[셋째, 사업자등록증을 못 낸다]

이것도 잘못된 상식이다. 체납자가 정상적인 사업을 하겠다는데 사업자등록증을 못 받을 이유가 없다. 다만, 이런 경우 통상 세무서 민원실에서 즉시 발급을 해주지는 않는다. 담당 과로 올려보낸다. 현지 확인을 하라는 취지다. 왜냐하면 또 체납하면 곤란하기 때문이다.

그럼에도 불구하고 어렵사리 사업자등록증을 발급받았다면 어떤 일이 생길까? 사업자등록 신청 시 제출된 임대차계약서에 의해서 임대보증금이 압류가 될 것이고, 임대보증금이 없으면 집기비품도 압류하려고 할 것이며, 매출이 일어나는 즉시 거래처 매출 채권을 압류하려고 할 것이다. 징수공무원의 기본업무가 채권확보이기 때문이다. 이것을 슬기롭게 잘 넘길 용기가 있는 사람은 사업자등록증을 발급받을 수 있다.

제발 사업자등록증 발급받기가 어렵다고 명의대여하지 말고 당당하게 본인의 이름으로 사업하면서 체납세금을 내는 용기를 내시길 간절히 바란다. 그런 사회가 하루빨리 오기를 손꼽아 기다린다.

[넷째, 취업을 못 한다]

이것도 잘못된 상식이다. 지금은 압류금지금액이 185만 원이다. 취업을 해서 185만 원이 넘으면 그 넘는 금액에서 일부 내면 된다. 문제는 회사 입장에서 근로자의 급여가 압류되었을 때 후속 업무에 취약하기 때문에 체납자에게 스트레스를 줘서 직장을 못 다니게 하는 일들이 종종 있다는 것이다.

먹고살겠다고 취업한 사람에게 국민의 4대 의무인 근로의 기회를 박탈하는 사회 분위기는 참 나쁜 것이다. 취업을 시켜서라도 세금을 분납할 수 있는 기회를 살려줘야 하는데 말이다. 필자의 지인도 결국 취업을 하기 위해서 집을 팔아 세금을 납부하였다고 한다. 그것도 정말 억울한 사연이 있는 세금을. 물론 체납세금이 없으니 마음은 편했을 것이다. 국민 된 도리를 다하여 훌륭한 납세순응의 모습을 보여줬지만 30년 세월 가족이 5평 좁은 방에서 고생하였다는 이야기를 듣고 가슴이 짠했다.

[다섯째, 체납세금도 상속된다]

이것도 잘못된 상식이다. 체납세금은 상속되지 않는다. 본래 체납세금이 승계되려면 체납자의 상속재산이 있어야 한다. 만약 체납자에게 재산이 있다고 하면 이미 세무서에서 압류하고 공매하여 재산이 있을 일이 없을 것이다. 그럼에도 불구하고 체납자가 로또가 당첨되어 거액의 재산이 생기고 하직했다면 이때는 상속인들이 상속재산 범위 내에서 납세의무 승계가 된다.

즉 재산이 없는 체납자의 체납세금은 상속이 되지 않는 것이다.

[여섯째, 통장을 못 만든다]

이것도 잘못된 상식이다. 은행에서 대출은 못 받을 수 있다. 이미 세무서에서 신용정보제공을 하여 신용등급이 하위이기 때문에. 그러나 입출금통장은 만들 수 있다. 물론 잔액이 있으면 소액금융재산

185만 원을 제외한 금액은 세무서에서 압류하고 추심해 간다.

[일곱째, 해외를 못 나간다]

그렇지 않다. 사업상 필요에 의하여 해외에 가야 한다면 갈 수 있다. 물론 정확한 근거는 소명해야 한다. 필자가 2000년도 본청 징세과에 근무할 때 전국 세무서에서 올라온 출국금지 대상자 명단을 취합하여 출입국관리사무소에 보고하였던 적이 있다. 그랬더니 출입국관리사무소 직원이 전화가 와서 이렇게 말했다.

"5천만 원 이상 체납자라고 해서 무조건 출국금지하면 안 됩니다. 더 잘 아시겠지만 국세징수법에 나와 있는 것처럼 '해외도피 우려 및 재산은닉 혐의가 있을 때' 출국금지하는 겁니다."

그 말을 듣고 필자는 부끄러움을 느꼈다.

그 당시 출국금지 인원이 족히 5천 명은 된 것 같다. 국세통계연보에 나오는 2020년 당해연도 한 해 출국금지 인원이 1,876명인 것에 비하면 많은 숫자임에는 틀림없다. 2020년도 말까지의 전체 출국금지 인원 7,399명과 비교해보아도 많은 것이다.

[여덟째, 자녀나 배우자 재산도 압류된다]

전혀 그렇지 않다. 세법상 체납자 본인 재산 이외는 건드릴 수 없다. 모두 각각 별개의 재산이므로 가족의 재산이라고 해서 압류하지 못한다. 다만, 사해행위인 경우는 국세청에서 소송을 통하여 원상회복 후 압류할 수 있다. 따라서 세무공무원이 부모 체납세금을 대신 갚으라는 말을 했다면 그것은 불법이다. 자식이 부모 세금을 대신 갚으면 오히려 증여세 추징이 된다. 세법은 가족 간의 재산문제에 있어 철저히 구분해서 보도록 되어 있다.

[아홉째, 해외 나가 있으면 시효가 진행되어 자동 소멸된다]

그렇지 않다. 최근 국세기본법 제27조 개정된 내용에 의하면 체납자가 국외에 6개월 이상 계속 체류하는 경우 해당 국외 체류 기간은 시효정지가 된다.

[열째, 가만히 있어도 세월이 가면 그냥 없어진다]

그렇지 않다. 국세기본법 제28조에 의하면 시효중단은 '고지, 독촉, 교부청구, 압류'할 때이고 고지, 독촉, 교부청구는 모두 1회성이지만 압류는 예외적으로 압류 시점이 아니라 압류해제 시점을 따진다. 따라서 세무서에서 체납자의 재산, 즉 부동산, 예금, 채권, 보험, 자동차 등의 재산을 압류만 한 상태에서 세월을 보내게 되면 평생체납자가 된다. 세무서에 달려가서 무엇이 압류가 되어 있는지 알아보고 적극적으로 '체납처분하여 풀어달라'고 사정해야 한다.

독일의 법철학자 예링은 "권리 위에 잠자는 자는 누구도 보호하지 못한다"라고 하였다. 정직한 실패자들이여! 죄의식 속에서만 갇혀 살지 말고 'self-help(자조·자립정신)'와 'self-respect(자존감)'를 살려서 떳떳한 세수기여자가 되는 길을 찾아가자! 병이 한 가지면 약은 열 가지다. 뜻이 있는 곳에 길은 있다.

세금을 위해 일하는 날은 며칠일까?

조세재단(Tax Foundation)은 미국의 선도적인 독립 조세정책 민간 비영리단체이다. 1937년 이래, 원칙적인 연구와 통찰력 있는 분석을 하는 참여 전문가들이 연방, 주, 그리고 글로벌 수준에서 더 스마트한 조세정책을 제시하였다. 80년 이상 조세재단의 목표는 경제성장과 기회로 이어지는 조세정책을 통해 삶을 개선하는 것이다.

조세재단 자료 중 '연중 세금의 노예가 되는 날짜의 비율'이 있다. 10년 단위로 세금 해제되는 날을 산정한 표이다. 이는 1년 중 세금의 노예로 사는 날이 점점 늘어나고 있는 것을 보여준다.

〈미국의 1930~1980년 세금 자유의 날〉

연도	세금 해제되는 날	연중 세금의 노예가 되는 날짜의 비율(%)
1930년	2. 13.	11.8
1940년	3. 8.	18.1
1950년	4. 4.	25.5
1960년	4. 18.	29.3
1970년	4. 30.	32.6
1980년	5. 11.	35.6

〈미국의 2015~2019년 5년간 세금 자유의 날〉

연도	2015년	2016년	2017년	2018년	2019년
날짜	4. 24.	4. 22.	4. 21.	4. 16.	4. 16.

세금해방일

국민이 1년 동안 번 수입 중에서 세금을 납부한 뒤 남는 순수한 자기 수입은 얼마인지 날짜로 계산한다. 그래서 순수하게 자신의 소득을 위해 일하게 되는 시점을 '세금해방일'이라고 표현하는 것이다.

자유기업원(원장 최승노)의 자료에 의하면, 2021년 세금해방일은 4월 9일이다. 그러니까 365일 가운데 98일은 나라를 위하는 마음으로 성실하게 일하는 시간인 것이다. 정확한 날짜로는 2021년 4월 8일까지 일한 것은 나를 위하여 일한 것이 아니라 국가에 세금을 내기 위해 일한 것이다.

보통 종교인들이 백일기도, 천일기도를 하는데 천일기도는 못 하더라도 매년 백일기도하는 마음으로 납세의무를 이행하는 것은 참으로 아름다운 일이다. 물론 개중에는 "국가가 나에게 해준 것이 뭔데!"라며 반발하는 사람도 있겠지만 현대문명을 누릴 수 있는 우리 삶의 터전을 만들어주니 고마운 것이다. 최근 5년간 세금해방일이 18일 더 늘었다는 사실은 고마운 마음을 더 써야 하는 것이다.

세금해방일은 조세총액을 국민순소득으로 나눈 조세부담률을 연간 일수로 분할하여 산출한다. 2021년의 조세총액(436조 2,784억 원)은 기획재정부 발표 자료를 활용한 예측치이며, 국민순소득(1,612조 9,995억 원)은 명목 예상치로 한국은행 발표 자료이다. 조세총액을 국민순소득으로 나눈 조세부담률은 27.05%이다. 이를 365일 기준으로 나누면 98일이 나온다. 결론은 대한민국 사람들은 98일이 지난 4월 9일부터 자신의 수입을 위해 일하는 것이다. 그나마 미국의 세금 자유의 날과 비교해보면 우리를 위하여 일하는 시간이 더 많기는 하다.

PART

2

모럴 해저드를
다시 생각하다

20년 동안 못 거둔 국가세금, 153조

　세금 체납자가 많다. 고액 상습 체납자부터 생계형 체납자까지 적지 않다. 필자는 평소에 국세청에서 체납세금을 받지 못한 금액이 얼마나 될까 늘 궁금했다. 필자는 늘 떠들고 다니면서 줄잡아 100조는 될 거라고 추정했다. 그리고 권한 있는 위치에 있는 후배에게서 대략 100조 정도 된다는 이야기를 들었다.

　그런데 이와 관련한 최근 보도자료가 나왔다. 지난 2016~2020년 5년 동안 국세청에서 고지서를 발송하고도 징수를 포기한 세금이 약 39조 원에 이른다는 것이다.

징수하지 못하고 포기, '정리보류'

보도자료의 문장을 보면 이렇다.

"모 의원실이 국세청으로부터 제출받은 자료에 의하면, 국세청이 지난 5년 동안 징수하지 못하고 포기한 세금이 약 39조 원이다."

그러니까 '정리보류'라는 표현을 일반 국민들이 잘 이해하지 못하니까 친절하게 설명하여 '징수하지 못하고 포기한 금액'이라고 한 것이다.

국세청은 지난 2016~2020년 동안 약 38조 8,980억 원의 세금에 대해 '정리보류'를 하였다. 본래는 '결손'이라는 말로 표현했는데 최근 '정리보류'라는 이름으로 변경했다.

이 기사를 보고 필자는 즉시 국세통계센터에 들어가 국세 통계를 확인했다. 그리고 2000년부터 2020년까지 직접 집계를 내어봤더니 무려 153조 원의 세금이 정리보류된 것이다.

〈국세청 정리보류 통계(2000~2020년)〉 (단위: 천억)

연도	2000	2001	2002	2003	2004	2005	2006	2007	2008	2009	2010
금액	45.8	56.1	62.0	70.9	73.8	73.9	69.8	68.7	69.5	71.1	76.7

연도	2011	2012	2013	2014	2015	2016	2017	2018	2019	2020	총계
금액	78.8	87.9	77.5	78.5	80.0	82.7	74.7	76.4	84.7	70.5	1,530

정리보류는 담당 공무원이 '직접 체납처분하는 대상'에서 제외하는 것이다. 정리보류가 되면 국세청 메커니즘에 의하여 전산으로만 재산

추적관리를 한다. 그러니까 언론에서는 '징수하지 못하고 포기'한 것이라고 표현한 것이다.

사실 정리보류가 되기 전에는 체납 담당 공무원들이 전화 독촉하기도 하고, 흔하진 않지만 자택, 공장, 사무실 등 현장을 직접 방문하기도 한다. 그러나 무재산 폐업자에 대해서 일일이 재산추적하거나 연락해서 직접 통화하는 일은 쉽지 않다. 그래서 공무원들의 역량 차이는 있겠지만 어느 정도 최선을 다했다는 판단이 서면 정리보류를 하게 된다.

어쩌면 진짜 고액 상습 악의적인 체납자에게 집중하기 위해서는 필요한 전략일 수도 있다. 못 받을 체납자는 일찍 포기하고 징수 가능한 체납자에게 집중할 수 있기 때문이다. 그렇게 정리보류가 되면 담당 공무원 손에서 떠나기 때문에 국세청은 전산으로 재산이 포착되지 않으면 체납처분을 할 일이 없다.

2000~2020년 정리보류금액 153조! 정말 적지 않은 금액이다. 이 153조 체납금액을 멋진 전략가가 훌륭한 셰프처럼 잘 요리할 수는 없을까? 이미 10년, 20년이 지나 썩기 일보 직전인 '장기체납 부위'는 얼른 도려내고, 10년에서 5년 사이 체납은 잘 요리하여 받을 건 받고 재기 기회를 줄 수 있는 건 주도록 잘 구분하여 골라내고, 5년 이내 체납은 가장 따끈따끈한 부위이니까 식기 전에 아직 재산처분하지 못한 것을 찾아 징수해야 할 것이다.

고액체납자 명단 공개해도
징수율 40%, 이게 뭡니까?

필자는 20여 년 전 국세청 징세 예규 업무를 보게 되었고, 체납세 징수 업무 관련 저서를 출간하게 된 인연으로 지금까지도 이 주제로 글을 쓰고 있다.

최근 국감자료를 보니 이런 내용이 나온다. 2004년 이후 2019년까지 약 15년간 고액·상습 체납자 5만 6,085명이 51조 1,345억 원을 체납 중인 것으로 나타났다. 1인당 평균 10억 원이다.

세금 안 내는 고액체납자들

2020년 국정감사 당시 국세청으로부터 제출받은 '고액·상습 체납자 명단공개 현황 및 징수실적'에 따르면, 고액·상습 체납자 명단공개

제도가 시행된 2004년 이후 공개된 5만 6,085명 중 일부라도 세금을 낸 사람은 2만 3,090명으로 41%에 불과했다. 절반에도 못 미치는 수치이다.

재산을 은닉하고 호화생활을 하는 악의적 체납자의 뿌리를 뽑아야 성실히 납부하는 대부분의 시민들은 상대적 박탈감이 생기지 않을 것이다. 악의적 비양심 체납자에 대해서는 철저한 응징을 하는 것이 성실 납세자를 보호하는 일이다.

다만, 잊지 말아야 할 사실은 체납자 중에도 옥석이 있다는 사실이다. 정직한 실패자에게는 재기의 길을 열어줘야 한다.

〈 고액체납자 재산 추적조사 실적 〉 (단위: 억원)

구분	징수·압류 금액			소제기 건수
	계	현금징수	압류 등	
	(1=2+3)	(2)	(3)	(4)
2020년	24,007	13,354	10,653	758

〈 은닉재산 신고 및 포상금 지급 현황 〉 (단위: 건, 백만원)

구분	신고건수	징수금액	포상금 지급		
			건수	지급액	건당 지급액
2020년	526	8,179	31	1,206	39

〈고액체납자 출국금지 현황〉

구분	전년도 말 출국금지 인원 (1)	당해연도		당해연도 말 출국금지 인원 (4=1+2-3)
		출국금지 인원 (2)	출국금지 해제 인원(3)	
2020년	7,715	1,876	2,192	7,399

〈2020년 재산압류 현황〉 (단위: 건)

구분	합계	부동산	자동차	동산·유가증권
2020년	165,288	135,075	12,644	17,569

〈체납처분 면탈범 범칙처분 현황〉 (단위: 명, 백만원)

구분	합계		법인		개인	
	인원	면탈세액	인원	면탈세액	인원	면탈세액
	(1=3+5)	(2=4+6)	(3)	(4)	(5)	(6)
2020년	436	287,447	27	78,114	409	209,333

국세징수법 제110조(체납 자료의 제공)에 의하면 관할 세무서장은 국세징수 또는 공익 목적을 위하여 필요한 경우로서 체납 발생일부터 1년이 지나고 1년에 3회 이상 체납하고 체납액이 500만 원 이상인 자에 해당하는 체납자의 인적사항 및 체납액에 관한 자료를 신용정보기관에 제공할 수 있다. 다만, 체납된 국세와 관련하여 심판청구 등이 계속 중이거나 그 밖에 대통령령으로 정하는 경우에는 체납 자료를 제공할 수 없다.

2020년도 말 신용정보기관 제공 인원은 45만 9,544명이다.

〈2020년도 말 신용정보기관 제공 인원〉 (단위: 명, 억원)

구분	전년도 말 제공 인원 (1)	당해연도			당해연도 말 제공 인원 (4=1+2-3)
		신규 제공 인원(2)	해제 인원(3)	현금 징수액	
2020년	483,196	218,828	242,480	39,867	459,544

2020년까지 고액·상습 체납자 명단공개 실적은 5만 7,420명(법인 1만 8,468명, 개인 3만 8,952명), 50조 2,739억 원이다.

〈2020년 고액·상습 체납자 명단공개 실적〉 (단위: 명, 억원)

구분	신규 공개자 (인원/체납세액)		누계 공개자 (인원/체납세액)	
법인	2,332	14,786	18,468	193,522
개인	4,633	33,417	38,952	309,218

특히 염려스러운 것은 법인 체납의 경우 과연 제대로 관리를 할까 하는 것이다. 제2차 납세의무자가 아닌 경우 제대로 징수할지 의문 이다.

구분	당해연도		누계	
	인원	납부세액	인원	납부세액
2020년	5,841	2,760	28,931	19,251

부자동네 강남·서초 체납세액 1, 2위

또 하나의 통계는 가난한 지역의 세무서가 체납금액이 많을 거라는 예상을 깨고 부자동네 관할 세무서가 체납금액이 많다는 것을 확인해준다. 체납 상위 10개 세무서 중 1, 2위는 서울 강남에 몰려 있는 것이다.

국세통계센터에 들어가 조회해보았다. 2020년 체납발생 총액은 강남·서초 등 부자동네 세무서가 가장 많다. 1등은 단연 강남세무서로 5,736억 원이다. 2등은 서초세무서 5,344억 원, 3등은 삼성세무서 5,103억 원, 4등은 역삼세무서 4,966억 원이다. 이처럼 서울 시내 중에서도 단연 1등에서 4등까지는 모두 강남·서초 지역이다.

이왕 알아본 김에 서울 시내 10위까지 알아보았다. 5등은 성동세무서 4,159억 원, 6등은 반포세무서 3,135억 원, 7등은 마포세무서 3,045억 원, 8등은 영등포세무서 2,982억 원, 9등은 강서세무서 2,692억 원, 10등은 송파세무서 2,674억 원이다.

10개 세무서의 체납은 약 4조이다. 정확하게 3조 9,836억 원이다.

이처럼 부자동네 관할 세무서에는 성실 납세자만큼이나 많은 불성실 사업자도 있다. 햇볕이 진하면 그늘도 짙은 것일까? 손바닥 앞뒤처럼 납세순응과 불순응은 늘 함께 공존하고 있는 것인가 보다.

〈 2020년 서울 시내 상위 10개 세무서 체납발생 총액 〉 (단위: 억원)

1위	2위	3위	4위	5위	6위	7위	8위	9위	10위
강남	서초	삼성	역삼	성동	반포	마포	영등포	강서	송파
5,736	5,344	5,103	4,966	4,159	3,135	3,045	2,982	2,692	2,674

국세청은
당신의 모든 것을 알고 있다

"소득세는 신의 저주다."

19세기 유럽의 소득세 반대론자들은 소득세를 완강히 거부하며 '인간의 원죄를 만드는 신의 저주'라고 하였다. 그런데 '신의 저주'에 해당하는 소득세 세율이 얼마나 됐을까? 놀라지 마시라. 3%이다.

'앗, 이럴 수가!'

2021년 대한민국 세율은 10억 원 초과 양도소득세율이 45%이고, 2년 미만 보유 기본세율 60%, 3주택 이상자인 경우는 기본세율+30%의 세율이다. 당시 유럽 사람들이 이 세법을 봤다면 기절초풍할 것이다.

사실 19세기 때, 소득세 반대론자들이 무서워한 것은 금전적 부담이 아니라 사생활 노출이었다. 일선 세무서에 근무하다 보면 대부업, 유흥업으로 돈을 벌었던 사람들이 집으로 안내문이 날아오는 걸 싫어

해서 다른 주소지로 변경신청하는 사례가 종종 있다. 유흥업소 근무한 어떤 아가씨가 시집가서 행복하게 잘 살고 있는데 어느 날 소득세 신고 안내문이 날아와서 무슨 소득이냐고 따지는 남편과 대판 싸웠다는 일화는 흔한 이야기이다. 그러니까 100년 전, 200년 전, 관료주의 체제 아래의 힘없는 백성들은 세금에 대한 부담뿐만 아니라 사생활의 자유를 침해하는 세무행정을 감당하기 싫었던 것이다.

특히 상속세에 대한 세무조사를 하다 보면 인간에 대한 회의를 느끼게 된다. 상속재산에 대한 정보를 얻으려는 이복형제, 내연녀 등이 찾아와 '그 절절한 눈빛'으로 재산내역을 캐내려 하는 것이다. 돌아가신 고인에게는 수치스러운 일이겠지만 살아생전에 쓴 돈의 꼬리표를 찾다 보면 어떻게 살아왔는지가 훤히 다 보인다. 어쨌든 납세자는 자기 사생활 노출과 세금 부담이라는 두 가지 스트레스가 생긴다. 그래서 생기는 조세저항에 대해서 국세청은 어떻게 대응할까?

강압적 납세순응 유도

국세청은 납세자가 자발적 납세순응을 하지 않으면 강압적 납세순응을 유도하게 된다. 최근 국세청은 근무하지 않은 가족들에게 고액 급여를 지급하고 법인 명의로 고가 슈퍼카를 구입해 사적으로 이용한 대재산가 24명에 대해 세무조사를 실시하였다. 조사 대상자는 평균 1,462억 원의 재산을 보유한 사람들인데, 이 중 주식이 1,344억 원, 금융자산이 52억 원, 부동산이 66억 원인 것으로 나타났다.

세무조사의 레퍼토리는 늘 한결같은데도 조사할 때마다 추징이 되는 이유는 무엇일까? 기본적으로 교육의 부재이며, 무지한 인간의 욕심에서 비롯된 것이리라. 근본적으로는 납세자의 납세신뢰도가 떨어지다 보니 자발적인 납세순응이 되지 않는 것이다. 이렇게 되면 국세청에서는 강압적인 납세순응을 유도한다.

이들 대재산가들은 전업주부인 배우자, 해외유학 중인 자녀, 고령의 노모 등 실제 근무하지도 않은 사주 일가를 근무한 것처럼 꾸며 1인당 평균 21억 원에 달하는 고액의 급여를 지급해온 것으로 드러났다. 또한 슈퍼카에 관심이 많은 한 사주는 6대를 회사업무용으로 등록해 사적으로 이용하거나, 2대 합계 13억 원에 달하는 초고가 스포츠카를 전업주부인 배우자와 대학생인 자녀가 업무와 무관하게 자가용으로 사용하면서 법인이 그 비용을 부담케 했다. 조사 과정에서 위장계열사를 통한 비자금 조성, 매출누락을 통한 회사자금 유출, 페이퍼컴퍼니를 이용한 변칙증여 등 편법 탈세를 통해 기업의 이익을 편취, 사주 일가의 재산을 증식해온 혐의도 포착됐다. 국세청은 사주 및 이익을 분여받은 가족들의 재산형성 과정 전반과 탈루 혐의가 있는 관련 기업까지 철저히 검증하였고, 조사 과정에서 증빙자료 조작, 차명계좌 이용 등 고의적으로 세금을 포탈한 행위를 확인하여 엄중 처리하였다고 밝혔다.

자발적 납세순응을 향해

절세는 있을지언정 탈세는 있을 수 없다. 자발적인 납세순응은 절세를 찾아가는 것이며, 강압적 납세순응은 탈세에서 비롯되는 것이다.

그래서 자연스럽게 자발적인 납세순응이 이루어지도록 하기 위해서는 국세청의 정보력이 얼마나 대단한지를 알리는 것도 한 방법일 것이다. 국세청의 빅데이터에는 납세자의 기본 인적사항과 재산내역, 사업내역, 소득정보가 들어 있다. 기본적인 개인정보는 이름, 주민등록번호, 주소지, 가족관계 등이며 주민등록 등본과 초본에 있는 정보가 모두 있다. 또한 친인척 관계에 대한 정보가 누적관리되어 특수관계 여부를 검색할 수 있으며 상호, 사업장 소재지, 사업자등록번호, 업종, 개업일, 폐업일 등 본인 명의 현행 사업과 과거에 했던 사업에 대한 모든 정보를 검색할 수 있다.

근로소득의 경우는 근무하고 있는 회사의 상호, 사업자등록번호, 월별 근로소득 금액 및 연간 총급여액 등이 자료화되어 있다. 사업내역의 경우 세금신고 내역, 세무조사 이력, 동일업종 신고 분석, 세금계산서 수수 현황 등 조사대상자 선정 시 활용할 수 있는 다양한 정보를 알 수 있다. 아울러 대재산가가 가장 두렵게 생각하는 이자, 배당, 보험, 예금, 지적재산권, 부동산, 차량, 선박, 항공기, 회원권 등 국세청에 통보되거나 등기·등록을 요하는 재산에 관한 정보도 모두 확인할 수 있다. 해외송금내역에 관한 조회뿐만 아니라 해외여행을 하며 신용카드로 고액의 소비를 하는 사람들의 출입국자료를 넘겨받아서 카드회사로부터 사용내역 등을 받아 조사 대상자를 선정하기도 한다.

물론 국세청의 이 같은 과도한 정보 접근에 대해 비판을 제기할 수 있다. 하지만 그것이 조세국가를 유지하기 위해 필요불가결한 선택이라면 거꾸로 이를 세상에 널리 알려 납세순응에 일조할 수 있는 동기로 작용케 해야 할 것이다.

예상컨대 탈세심리가 높은 납세자가 국세청의 정보수집능력을 제대로 안다면, 늘 분수에 넘치지 않는 처신을 하면서 성실 납세하리라 믿는다. 자유의지를 가진 만물의 영장으로서 강압적 납세순응보다는 자발적 납세순응으로 아름다운 세상을 만들어가야 하지 않겠는가!

세금 체납자, 구치소 간다

국세청은 2020년 1월 각 세무서에 체납추적팀을 포함한 체납징세과를 신설하고 지방청과 일선 세무서 체납전담직원 약 1천 명가량을 확보하는 등 고액체납 근절을 위한 행정역량에 많은 힘을 쏟고 있다.

국세청은 재산은닉 체납자를 응징하기 위하여 더욱 강경한 징수법을 신설하였다. 국세를 3회 이상 체납하고, 체납 발생일부터 각 1년이 경과하였으며, 체납된 국세의 합계액이 2억 원 이상인 경우 체납자는 앞으로 감치에 처한다. 2021년 8월 17일, 국세청은 고액·상습 체납자에 대한 감치 제도를 하반기부터 본격적으로 운영하겠다고 밝혔다.

2019년 12월 개정된 국세징수법은 납부 능력이 있는데도 정당한 사유 없이 국세 2억 원 이상의 세금을 3회 이상, 1년 이상 체납한 사람을 최대 30일간 유치장에 감치하도록 했다. 국세청이 체납자에 대해 적극적으로 감치 제도를 활용하겠다고 밝힌 만큼, 앞으로는 구치소에 가는 고액·상습 체납자가 늘어날 것이다.

2021년 9월 24일, 각 언론매체에서 구치소에 간 체납자에 대한 보도가 나왔다. 이제 새로운 체납전쟁의 시작이다. 이뿐만 아니라 금융실명거래 및 비밀보장에 관한 법률 제4조 제1항 2호(2019. 12. 27. 시행)에 의하여 5천만 원 이상의 체납자로서 은닉 혐의가 있다고 인정될 때는 명의자 동의 없이 배우자(사실혼 포함), 6촌 이내의 혈족, 4촌 이내의 인척까지도 금융거래정보를 제공받아 재산을 조회할 수 있도록 개정되었다.

갈수록 국가를 위하여 모든 법과 제도는 진화하고 있다. 세금이냐, 자유냐, 이것이 문제로다!

프란치스코 교황은 "돈은 악마의 배설물"이라고 하였다. 그러나 필자는 여기서 한발 더 나아가 이렇게 말하고 싶다.

"그 배설물을 치우는 청소기는 세금이다. 세금으로 내는 돈은 우리 모두를 함께 천국으로 인도하는 것이다."

그래도 이 말에 돌 던질 사람은 있겠지만.

갈수록 강화되는 법 앞에 납세자들은 '강압적 납세순응'으로 바뀔 것이다. 그러나 그것은 바람직하지 않다고 본다. 부디 '자발적 납세순응'을 하는 아름다운 세상이 구현되기를 기도한다.

정리보류자는
결국 지하경제로 숨어든다

매년 국가세수의 3% 가까이가 정리보류금액이다. 매년 국세 체납 금액이 20조 정도 발생하고 그중에서 세무서에서 받기를 포기한 무재산 폐업자에 대한 정리보류금액이 8조 전후가 된다. 매년 3% 정도의 금액으로 정리보류되는 수치가 결코 적지 않은 금액이다. 2000년도부터 2020년까지 무려 153조 원이다. 문제는 이런 정리보류자들이 지하경제로 숨어서 우리의 경제를 좀먹는다는 사실이다.

이제 더 이상 이런 정리보류자를 방치해서는 안 되겠다. 확실하고 강력한 처방을 내려야 한다. 그러지 않으면 부메랑이 되어 성실 납세자까지 위험해진다.

선량한 생계형 체납자는 과감하게 납부의무소멸 조치 및 재기 지원하고, 고액체납자는 정밀 추적조사를 해서 끝까지 징수해야 한다. 행정력도 1억 원 이하는 과감하게 보조인력을 채용해서 정리하도록 하고 고액체납자에게 집중하면 효과가 클 것이다.

지하경제는 세수기반을 취약하게 한다

언론에서는 체납자는 모두 나쁘다는 프레임에 가둔다. 일반적으로 '체납자는 죄인'이라는 의식이 심어지도록 언론에서 보도하는 이유는 3%의 체납자를 잘 잡지 못하면 97%의 성실 납세자가 흔들리기 때문이다.

충분히 공감이 되는 부분이다. 성실 납세자가 이탈할 가능성이 생기면 큰일인 것이다. "나는 힘들게 세금 내는데, 누구는 세금도 안 내고 소멸시키다니!" 사람들은 공평하지 않은 게임이라고 생각할 것이다. 그러한 성실 납세자를 보호하기 위해서 언론은 3%에 대해 죄인의 프레임을 씌우는 것이다.

문제는 그들 체납자 중 1억 이상 고액체납자가 2%가 안 되고 1억 이하 체납자가 98%가 넘는다는 것이다. 그러니 행정력 집중을 어떻게 해야 하는지 답이 나와 있지 않은가? 소액체납자보다는 고액체납자에게 집중하여야 세수확보도 되고 나라가 산다. 특히 이런 신불자가 숨는 곳은 지하경제의 어두운 무덤 속이다. 반드시 차단해야 한다.

안민규의 논문 〈지하경제 양성화에 의한 조세수입 증대 방안〉을 참조하면 이런 내용을 볼 수 있다. 우리나라의 지하경제 추정 규모는 GDP 대비 27.6%로 OECD 국가 중 세 번째로 매우 높게 나타나고 있다는 것이다. 지하경제는 부메랑효과가 있어서 세수기반을 취약하게 하여 재정수입 감소를 가져오게 되므로 재정위기의 원인이 된다.

그러므로 지금까지 세금이 제대로 징수되지 않았던 지하경제, 즉 153조의 체납자 속에서 답을 찾아야 한다. 이것이 현실적이고 확실한 재정확보 방안으로 효과적인 방법이라 할 수 있다.

고액체납자에 집중하기 위해서는 금융정보분석원(FIU) 금융정보의 제공범위를 반드시 확대하고 역외탈세에 대한 조사 강화, 비트코인 등 신종 가상화폐로 재산을 은닉하는 것을 차단하여야 한다.

당신은 계속 직진하시겠습니까?

하버드대학교 교수 마이클 샌델의 저서 《정의란 무엇인가》를 보면 재미있는 내용들이 있다. 이는 전 세계 36개국에서 판매된 부수보다 우리나라에서 더 많이 팔린 책으로, 유튜브에서도 이지영 강사, 설민석 강사 등 유명 스타강사들의 강의가 눈에 띈다.

필자 눈에 가장 먼저 들어온 내용은 '트롤리 딜레마'이다. 기차 딜레마!

트롤리 딜레마

직진하면 5명이 죽고 좌회전하면 1명이 죽는다. 무엇을 선택할 것인가?

'최대 다수의 최대 행복'을 주장하는 제러미 벤담과 같은 사고를 하는 사람이라면 비록 기차는 직진하도록 되어 있음에도 불구하고 당연히 좌회전해야 한다고 할 것이다. 필자는 여기서 여러 가지 자유로운 설정을 해보았다.

'직진하면 사형수 5명이 있고 좌회전하면 의사와 간호사가 2명 있다. 그러면 어떻게 선택할 것인가?'

이런 식의 가정이다. 직진하면 당연히 죽어야 할 사형수가 죽는 것이지만 인원이 많다. 그것도 사형집행 날짜조차 아직 요원하다. 만약 좌회전하면 2명만 죽음을 당하지만 불법인 것이다.

2017년 1월 30일, 세계 최초로 시민권을 부여받은 인공지능 로봇 소피아가 내한하였다. 소피아는 인간과 실시간 대화가 가능할 뿐만 아니라 60가지의 감정도 표현할 수가 있다. 소피아에게 질문을 던졌다.

"건물에 화재가 났는데 할머니와 아기가 있다. 누구를 먼저 구할 것인가?"

이 질문에 소피아의 대답은,

"저는 윤리적인 판단을 하도록 입력되어 있지 않습니다. 저는 출입구로부터 가까운 사람부터 먼저 구할 겁니다."

아주 실리적인 판단을 한다. 우리 인간도 소피아처럼 판단해야 하는 걸까?

직진할 것인가, 좌회전할 것인가

다시 세금 문제로 돌아가 보자. 대전제는, 직진하는 것은 '법대로 하는 것'이라는 점이다.

'직진하면 체납자 1명이 죽고 좌회전하면 성실 납세자 1명이 죽는다.'

이렇게 설정하면 모두의 답은 일치할 것이다. 적법하게 직진을 할 것이다. 설정을 좀 바꿔보자.

'직진하면 체납자 3명이 죽고 좌회전하면 일반 납세자 97명이 죽는다. 그러면 어떻게 선택할 것인가?'

너무나 쉬운 질문이다. 당연히 세무공무원은 법대로 직진할 것이다. 공리주의 측면에서 단순하게 생각해도 97명을 살리는 것이 3명을 살리는 것보다 나을 뿐만 아니라 적법하니까. 그런데 문제의 설정을 추가로 다시 하겠다.

'이 3명의 납세자는 조세포탈을 하거나 재산은닉을 하지 않은 '정직자 실패자'이다. 그리고 무엇보다도 실패를 자산으로 재도전 희망을 가지고 성공하여 고용창출도 많이 하고 세금도 많이 내고 싶다는 소망을 가지고 있는 사람이다.'

그렇다면 어떻게 선택할 것인가?

그리고 한 가지 더 중요한 설정이 있다.

55년이란 세월이 흘러서 매년 3명이 누적되어 165명이 죽는다면 어떻게 할 것인가?'

이런 문제를 설정하고 고민해보자는 것이다.

그렇다면 재도전 희망 체납자를 살리기 위한, 좌회전할 수 있는 법과 제도를 만들어야 하지 않겠는가? 지하경제 속에서 헤매는 실패자를 회생시켜야 하지 않겠냐 말이다.

왜 조세채무자는 구제 혜택을 받지 못하나?

금융채무자는 회생법원도 있고, 한국자산관리공사에서도 적극 구제하고 있을 뿐 아니라 신용회복위원회에서도 적극 나서고 있다. 그런데 왜 조세채무자는 금융채무자와 동등한 구제 혜택을 못 받는가? 만인을 위한 정의는 만 명만을 위한 정의인가? 적어도 조세채무자는 남의 돈이나 나랏돈을 갖다 쓴 것은 전혀 아니지 않은가? 금융채무자와 조세채무자의 모럴 해저드 내지는 법적 조치에 대해서 진지하게 생각해볼 때가 왔다고 본다.

국세청 55년을 맞이하여 이제 그 부메랑이 경제 전체에 영향을 미치고 있으니 한시법이라도 대통령특별법을 제정하여 대국적인 차원의 정책을 펴야 할 것이다. 다만, 공짜는 없다. 필자의 사례 수집에는 한계가 있지만 어느 20년 장기체납자의 경우는 지금이라도 25% 정도 세금을 납부하게 해준다면 납부하겠다는 납세의식을 보여주었다. 25%는 크게 무리한 수치는 아니다. 가산금과 가산세를 빼면 총 체납금액이 많이 줄어든다. 일단 국가 측면에서는 전혀 손해 볼 일은 아니다. 이미 징수를 포기한 세금을 받는 것이니 무조건 이익이다.

법적 기반을 공고히 하고 납세유인 효과를 낼 수 있는 제도로 잘 만들면 충분히 현실적으로 가능하리라 본다. 본래 한국인의 민족적 자질은 늘 훌륭하기 때문에 '으샤으샤'하면 나라와 개인이 모두 윈윈하는 길이 열리리라 믿는다. 이제 남은 숙제는 지혜로운 행정의 달인이 능력을 보여주는 것이다.

100억이냐, 200억이냐 그것이 문제로다

또 다른 하나의 설정을 생각해보자. 우선 대전제는 '직진하는 것은 법대로 하는 것'이다. 다음 상황에서 무엇을 선택할 것인가?

'직진하면 세수(稅收)는 제로이고, 좌회전하면 세수가 늘어난다.'

이 이야기의 배경을 설명하겠다.

필자의 친구는 건설시행사를 20여 년 해왔는데 최근 세무조사를 받았다. 결론은 세무공무원의 직진으로 결국 세금을 한 푼도 못 내게 됐다는 것이다. 친구의 말을 자초지종 들어보니, 친구는 조사공무원에게 "100억을 추징하면 세금을 낼 수 있겠다"라고 사정했음에도 불구하고 조사공무원은 법대로 "200억을 추징해야 한다"고 하였다. 그러나 이 친구의 능력은 100억밖에 낼 수 없었다.

당신이 만약 세무공무원이라면 어떤 선택을 할 것인가? 국세청에서는 재산추적을 하여도 발견할 수 없는 상황이다. 세무공무원이 실정법을 어겨서 200억 과세를 하지 않고 100억을 부과할 것인가, 아니면 법대로 200억을 부과하고 100억조차 못 받는 결과를 만들 것인가?

100억을 부과하면 징수할 세금은 100억이고, 200억 부과하면 징수 세액은 '제로'이다. 그러니까 200억을 추징하겠다고 과세하면 어차피 내더라도 100억밖에 내지 못하고 100억은 체납이 되니 사실상 체납자 입장에서는 100억을 내는 의미도 전혀 없어지는 것이다. 이런 상황을 잘 아는 당신이 조사공무원이라면 어떤 선택을 할 것인가?

국가의 실리를 생각한다면 100억을 추징하는 게 맞다. 그러나 법을 존중하는 공무원은 200억 부과를 고수할 수도 있다.

그런데 여기서 중요한 조세행정의 'All or Nothing' 구도가 등장한다. 200억을 추징했을 때 200억, 또는 최소 100억이라도 징수해야 하는데 현실은 그렇지 못하다는 것이다. 100억을 납부하더라도 100억의 체납이 남으면 체납자의 불이익은 200억이나 100억이나 똑같다. 정말 이러한 문제는 지혜롭고 현명한 행정의 달인과 전략가가 이에 대한 답을 찾아주면 참 좋겠다.

그런데 이 이야기의 결론은 여기서 끝나지 않는다. 조사공무원의 추징세액은 400억이다. '어떻게 이런 일이?' 하겠지만 조사공무원 입장에서는 "어차피 못 받을 거라면 추징실적이라도 올리자" 하는 것이다. 정말 중요한 대목에서 진지한 고민이 없는 조세행정, 이제 좀 달라져야 하지 않을까?

이는 거대담론으로 지혜로운 답을 필요로 한다. 또한 이 문제는 'All or Nothing'이라는 세무행정과 '조사공무원과 징수공무원이 다르다'는 조직상의 문제점을 확연히 보여주고 있다. 이렇게 되면 누가 손해를 보는 것인가? 국가 입장에서는 국고손실이고, 납세자 입장에서는 신불자의 인생이 된다. 신불자가 되면 당연히 세수에 기여할 수 있는 기회도 박탈될 뿐만 아니라 국세청에서 가장 싫어하는 소위 '모자바꿔 쓰기', 즉 '명의대여'가 발생될 것이다. 실리적인 면에서 보면 국가도 손해, 납세자도 손해이다. 이건 정말 아니지 않은가?

물론 대의명분을 본다면 세무공무원이 법대로 하는 것이 맞다. 그런데 법대로 했을 때 국가 세수에도 도움이 되지 못하고 국민의 행복권도 지켜주지 못한다면 이건 어리석은 일 아니겠는가? 따라서 이 대목에서 새로운 법과 제도의 필요성이 절실하다. 공무원 재량권의 일탈과 남용은 위험한 것이지만, 징수공무원에게 '조세채권 일실한 것에 대한 면죄부를 주는 것'은 더더욱 위험한 일 아니겠는가?

진지하게 고민해봐야 할 대목이다. 지혜를 모은 특단의 법과 제도를 만들어야 한다. 이러한 개별 조사 건은 별도의 '징수심의위원회'를 만들어서 국가 세수확보와 조세신불자 예방을 위한 투명한 세무행정 제도 정착에 힘써야 할 것이다.

국세징수권 소멸시효, 어떻게 생각하시나요?

국세징수권은 국가가 이를 행사할 수 있는 때로부터 5년간(5억 미만 국세) 행사하지 아니하면 소멸시효가 완성된다. 이 내용은 국세기본법 제27조 '국세징수권의 소멸시효'에 대한 것이다.

일반적으로 체납된 세금의 고지서상 납부기한의 다음 날로부터 5년이 경과된 때에는 세금체납이 소멸된다. 정확히 이야기하면 독촉기한의 다음 날부터 5년이 지나야 한다. 통상 독촉기한은 납부기한보다 한 달 정도 늦다. 그럼에도 불구하고 가장 정확한 것은 세무서에 확인해봐야 한다. 가끔 날짜가 차이 나는 경우도 있기 때문이다.

5년이라고 말했지만 정확하게 설명하자면 5억 이상의 국세는 10년, 5억 미만의 국세는 5년이다. 그럼에도 불구하고 5년이라고 한 이유는 전체 체납자 중에서 1억 이상 체납자 비율이 2%가 안 되기 때문이다. 그래서 5억 이상 체납자를 제외하고 표현한 것이다.

다시 처음 이야기로 돌아가서, 국가에서 세금을 고지하였으나 납세자가 납부능력이 없어 세금을 내지 못하고 국가에서도 이를 징수할 수 없는 경우, 국가가 일정 기간 동안 세금을 징수하기 위한 조치를 취하지 않으면 세금을 징수할 수 있는 권리가 소멸된다. 이를 '국세징수권 소멸시효의 완성'이라고 한다. 국세징수권은 이를 행사할 수 있는 때로부터 5년간 행사하지 아니하면 소멸시효가 완성되고, 이것은 국세기본법 제26조에 의하여 납부의무가 소멸되는 것이다. 즉, 체납세금이 사라지는 것이다.

시효중단의 경우는, 납세의 고지·독촉·납부최고·교부청구 및 압류 등의 조치를 취한 경우에는 그때까지 진행되어온 시효기간이 효력을 잃는 것을 말한다. 이것이 소멸시효의 중단이다. 특히 압류 후 방치하는 경우는 평생체납자가 될 가능성이 매우 높다.

납부의무가 소멸됐습니다

체납이 되면 따르는 불이익은 재산압류는 기본이고 500만 원 이상 체납의 경우는 신용정보제공, 5천만 원 이상 체납은 출국규제 등을 받게 되는데, 이러한 체납처분도 5년이 지나 소멸시효가 완성되면 자연히 사라진다. 따라서 시효완성으로 납부의무가 소멸되면 정상적인 경제활동을 하더라도 급여 압류, 사업장 임대보증금 압류 등 체납처분을 당하지 않는 것이다. 또한 물려받을 상속재산이 생기더라도 포기하지 않고 당당히 받아도 된다. 그리고 관급공사를 하기 위한 납세증명서 발급도 가능하다.

이렇게 납부의무가 소멸되면 그동안의 족쇄가 다 풀린다. 경제활동을 할 수 있는 자유를 얻는 것이다. 출국금지가 풀리면 해외 출국도 자유롭게 할 수 있고, 취업을 하더라도 급여 압류도 되지 않으니 직업 선택의 권리도 찾을 수 있다. 자유의지를 가진 인간으로서 법적 안정성과 예측가능성 위에서 자유로운 삶을 영위할 수 있도록 하는 법이 바로 '징수권 소멸시효에 관한 법'인 것이다.

징수공무원 입장에서도 5년 동안의 숙제를 잘 마무리하고 체납자가 재기할 수 있도록 길을 열어주는 것은 지하경제를 소멸시키는 아름다운 일일 것이다. 그러나 이 소멸시효 완성으로 납부의무가 소멸되는 것을 보는 성실 납세자는 과연 동의할까? 나쁜 학습효과는 금방 퍼지게 된다. 이 대목에서 시효폐지 주장이 나오는 것이다.

시효중단이 평생체납자를 만든다

일선 국세공무원들은 지자체의 38세금징수과나 체납관리단처럼 가가호호 방문하는 일은 흔치 않다. 사실 체납자를 평생체납자로 만드는 방법 중 하나는 5년이 될 때마다 자택을 방문하여 압류딱지를 붙이는 것이다. 그러면 시효중단이 되어 평생 징수할 여건이 된다.

수색조서를 작성하거나 압류봉표를 붙이게 되면 시효중단이 된다. 더욱이 압류만 하고 후속조치, 즉 공매를 하지 않으면 평생체납자가 된다. 공매해서 세금충당하고 압류해제하면 시효가 진행되는데 그렇게 하지 않는다. '국고주의' 입장에서 업무를 하면 적어도 감사지적은 안 되기 때문이다.

또 하나의 문제가 있다. 집 안에 있는 가전제품의 가격이 100만 원이면 그 평가재산금액만큼 시효가 중단되는 것이 아니다. 체납금액 전체가 시효중단이 된다. 뿐만 아니라 수색했는데 무재산이라고 하더라도 시효가 중단된다. 물론 이러한 체납처분은 '공무원 재량권의 일탈과 남용'이라는 측면이 있다. 국세기본법 제27조의 국세징수권 소멸시효에 정면 배치되는 것이다. 수색조서에 의한 시효중단은 납세자로서는 억울하지만 현행법으로서는 달리 대안이 없다. 얼른 개선되어야 할 과제이다.

"자본주의의 맹점은 경제적 약자에 대하여 관대하지도 않을뿐더러 관심조차 없는 것이다"라고 말한다면, 누가 자신 있게 아니라고 반박할 수 있을까? 이것은 자본주의 시대에 역행하는, 세법의 정신에 위배되는 어리석은 생각일까? 필자는 늘 스스로 되뇐다. 결론은 현행 실정법을 존중하고 잘 떠받들면서 '중단 없는 개혁'을 해야 한다는 것이다.

납세의무 소멸 vs 납부의무 소멸

필자는 주빌리은행이나 신용보증재단에 가서 강의할 때 리플릿을 활용했는데, 그때 필자가 실수한 것을 뒤늦게 알았다. '당신의 체납세금이 소멸되었습니다. 납세의무의 소멸!' 이렇게 되어 있었던 것이다. 그리고 아주 유명한 조세 전문가인 어떤 세무사의 칼럼에도 '납세의무의 소멸'이라고 기술되어 있다.

납세의무와 납부의무. 같은 걸까, 다른 걸까? 큰 차이가 있을까? 고민을 좀 했다. 우리나라 헌법 제38조에는 "모든 국민은 법률이 정하는 바에 의하여 납세의 의무를 진다"라고 되어 있어 '납세의무'라고 표현하고 있다. 또 국세기본법 제26조에는 '납부의무의 소멸'이라고 되어 있다. 본문 내용은 다음과 같다.

제26조(납부의무의 소멸) 국세 및 강제징수비를 납부할 의무는 다음 각 호의 어느 하나에 해당하는 때에 소멸한다.
1. 납부·충당되거나 부과가 취소된 때
2. 제26조의2에 따라 국세를 부과할 수 있는 기간에 국세가 부과되지 아니하고 그 기간이 끝난 때
3. 제27조에 따라 국세징수권의 소멸시효가 완성된 때

필자의 짧은 식견으로는 이렇다. '납부의무의 소멸'은 위 조문의 내용처럼 납부를 하거나 소멸시효 완성 시 해당되는 것이다. 그러나 '납부를 하거나 소멸시효가 완성'되었다고 해서 '납세의무'가 소멸되는 것은 아닌 것이다. 납부의무는 구체적인 과세 건에 대한 개별적인 사항으로 소멸될 수 있는 것이지만 납세의무는 기본적인 근간으로 소멸될 수 없는 것이다. 죽을 때까지 따라다니는 것이다.

자칫 '납세의무 소멸'이란 잘못된 표현이 돌고 돌면 납세자의 머릿속에 심각한 모럴 해저드가 생길까 염려된다. 글자 하나 차이이긴 하나 곰곰 생각해보면 아주 중요하다는 사실을 깨닫게 된다.

필자가 박사논문을 준비하면서 학술논문 검색을 하다가 새벽에 뒤로 나자빠질 뻔한 적이 있다. '정명사상'으로 논문 조회를 했더니 무려 500권 가까이 나온 것이다. 쉽게 말해 '바른 이름(正名)'이다. 할미꽃은 할미꽃, 장미꽃은 장미꽃이어야 한다. 할미꽃을 장미꽃이라 부르면 안 된다. 명(名)과 실(實)이 일치해야 한다. 정명이 되지 않으면 세상이 혼란에 빠지는 것이다.

체납자가 '납부의무 소멸'이 되었다고 앞으로도 계속 세금 안 낼 생각을 하고 '납세의무의 소멸'로 오판하면 나라가 망하지 않겠는가? 그 개념에 맞는 이름을 붙이지 못하면 세무행정이 무너질 수 있는 것이다. 실제 사업자가 'A'이면 사업자등록증도 'A'가 되어야지 'B'가 되어서는 안 된다.

All or Nothing?

조세행정의 어두운 그림자인 'All or Nothing'이라는 잣대로 보면, 국고주의가 무너질 뿐만 아니라 선량한 피조사자가 세수에 기여할 기회조차 상실된다. 이런 상황에서는 세무공무원의 모럴 해저드, 재량권 남용, 담합, 야합, 합의과세 등 수많은 비난이 쏟아질 수도 있다. 그런데 눈에 뻔히 보이는 조세일실(租稅逸失)을 두고도 순수하게 명분을 지키고 법대로 하겠다고? 어리석게도 'All' 과세하고 결국 'Nothing'이 되는 구도, 신불자가 탄생하는 팡파레가 울리는 것이다. 그리고 그 신불자는 좀비처럼 또 다른 신불자를 불러들인다는 것. 이제 국세청 55년이 되는 장년기의 시점에서 성숙한 법과 제도를 만들어주어야겠다.

악의적 체납자 시효 영구폐지,
정직한 실패자 즉각 시효완성

세수금액 기준으로 보면 300조 세수에 기여하는 성실 납세자가 97%이고 체납자가 3% 정도 된다. 국세청과 언론에서는 소수의 체납자는 죄인으로 몰고 간다. 그래야만 성실한 납세자가 보호되기 때문이다. 그건 참 좋다. 최대 다수의 최대 행복이니까. 직진하면 3%가 죽기 때문에 직진을 선택할 것이다. 그러나 20년 소급한 국세 체납 정리보류금액이 153조가 되고 지방세를 포함한 신불자가 1천만 명이라면 직진할 수 있을까? 국세청 55주년을 맞이한 이 시점에 이제 직진을 포기해야 하지 않을까?

최대 다수의 최대 행복의 관점에서도 조세신불자는 소수가 아니라 다수가 되어버렸다. 3%는 세월이 흐르는 사이에 엄청난 괴물이 되었다. 단단한 지하경제의 알갱이가 되어버린 것이다. 절대 다수가 되어버린 체납자, 신불자 시대! 이제 소수의 성실 납세자를 위태롭게 하고 국가경제의 시한폭탄이 되고 있다.

'국가의 이익이냐? 개인의 권리냐?'

이런 문제를 고민해야 하지 않을까? 국가의 이익도 해치고 지하경제 속을 헤매는 신불자를 눈 뜨고 보고만 있을 것인가? 이제 국세청은 답을 찾아야 할 때가 왔다.

정직한 실패자는 정리보류가 아니라 즉각 사업을 재개할 수 있도록 시효완성으로 인한 납부의무소멸 조치를 하여야 한다. 5년 아니라

5개월도 길다. 그리고 고액체납자 중 사용처 소명을 하지 못하는 체납자는 명의대여 여부 추적, 재산은닉 추적, 금융자료 분석 및 추적 등 검증시스템을 적용하고 시효적용을 폐지하여 평생 따라가게 하여야 할 것이다.

'국가의 이익 vs 개인의 행복', '국가의 이익 vs 개인의 권리', '국가의 이익 vs 개인의 존엄', 어떠한 비교도 무의미하다. 국가의 이익이 되면서 납세자의 행복, 권익, 존엄도 함께 받들 수 있다면 선택의 여지가 없다. 국세청 55주년, 지천명(知天命) 나이의 중반으로 접어들었다. 이제는 좌회전해야 할 때라고 생각한다.

자금의 원천과 사용처 소명으로 대체

필자는 조세에 있어서 시효제도는 폐지하고 대신 자금의 원천과 사용처 검증 시스템으로 전환해야 한다고 본다. 체납사유, 자금사용처 소명, 납부계획 등을 자진해서 신고하는 정직한 실패자에게는 시효 완성시켜 즉각 사업 재개토록 하고, 자금사용처를 소명하지 못하는 사람에게는 시효를 영구폐기하여 끝까지 체납처분을 해야 한다고 생각한다.

그리고 일부는 납부하지만 완납하지 못하는 체납자는 평균수명까지의 최저생계비를 제외한 금액에서 납부하도록 하고, 소득발생 시 납부할 수 있도록 허용한다.

체납자 유형 중 생계형 체납자를 제외하고 나머지 체납자를 국세청에서 제대로 관리하면 세수 거양에 큰 기여를 하게 될 것이다. 이런 유형 중에는 지금 당장 세금을 낼 수는 있으나 그러고 나면 앞길이 막막한 사람들도 있다. 나이가 들어 본인 스스로의 노후대비도 해야 하고 자식들 뒷바라지도 해야 하는 유형이다. 더 나쁜 경우는 호화·사치·유흥에 탕진하는 사람들이다. 그래서 5년(5억 원 미만 국세) 또는 10년(5억 원 이상 국세)을 버티겠다는 이들이다. 세 가지 유형 중 이 유형은 반드시 제대로 짚고 넘어가야 할 문제다.

체납자와 국세청의 전쟁이 시작된다. 필자는 체납세금 문제를 세무행정의 메커니즘으로 생각해봤다.

헌법 제38조에는 '국민은 법률이 정하는 바에 의하여 납세의 의무를 진다'라고 되어 있다. 그러나 현실적으로 납세자인 국민이 내어야 할 세금의 100%를 모두 낼 수 없는 상황이 되었을 때 과연 어떻게 행동할 것인지 진지하게 고민해봐야 하지 않을까?

외로운 외침, 작은 결실

"세금은 전쟁이다."

이 말은 결코 과장된 표현이 아니다. 목숨이 오고 가는 전쟁처럼 재산권은 중요한 것이다.

필자도 현직 시절에 상속세 조사를 하다 보면 재산이 많으면 많을수록 가족들이 철천지원수가 되는 상황을 보고 정말 인간으로서의 한계를 뼛속 깊이 느꼈다. 물신주의(物神主義)가 인간의 영혼을 잡아먹은 세상이 되어버렸다는 것을 알았다. 이런 재산권 문제 때문에 가족전쟁이란 표현이 나왔나 보다. 오히려 가난을 상속받은 사람은 따뜻한 정을 나눌 수 있어 더 좋은 면도 있는 것이다. 많은 재산을 물려주는 부모를 둔 자식들은 재물에 대한 욕심이 커져 전쟁이 난다.

교과서에 나오는 세금과 관련된 혁명으로 동학혁명이 있다. 고부군수 조병갑의 가렴주구로 백성들이 들고 일어난 것이다. 필자가 근무하던 25년 전에도 체납세금 독촉을 받던 납세자가 세금을 완납했는데도 압류해제를 하지 않은 담당 공무원에 대하여 빰을 날리는 현장을 목격한 바 있다. 세무서 안에서 폭력이 일어난 것이다. 공무원의 갑질은 많이 들었지만 세무서 안에서, 그것도 많은 직원들이 보는 가운데 폭력을 행사하는 것을 보고는 충격을 받았다.

빰을 맞은 직원은 아무 대응도 하지 못하고, 주위 직원들도 납세자를 만류할 수도 없는 분위기였다. 내용이 너무 단순하니까. 납세자 입장에서 보면 무조건 공무원이 잘못한 것이다. 아마 부당한 처분을 받은 경험이 있는 납세자들이 그 장면을 봤다면 환호성을 질렀을지도 모른다. 같은 직원이라 하더라도 업무를 태만하게 했으니 뭐라고 나서서 위로하기도 참 힘든 상황이었다. 공무원의 직무유기에 대한 문제이니까.

문점식 회계사의 저서 《역사 속 세금이야기》를 보면 세금과 관련한 전쟁으로 십자군전쟁, 백년전쟁, 나폴레옹전쟁, 노예해방전쟁, 제1차 세계대전, 제2차 세계대전 등을 언급하고 있다. 세금을 징수하려는 자와 징수당하는 자와의 전쟁이다.

실무적으로 접근해보면 이런 일은 사실상 종종 있다. 어느 80세 되는 할머니는 100억 부동산을 처분하여 세금이 30억 이상 나오면 세금 안 내고 두 손 들겠다 하고, 30억 이하가 나오면 내겠다는 이야기를 공공연하게 떠들고 다닌다. 이것은 명백한 납세자의 모럴 해저드이며 세무행정에 무지하다는 것을 만천하에 시위하는 것에 지나지 않는다.

5년 지난 장기체납자를 졸업시키자

필자는 세금 중에서도 체납세금에 초점을 맞추고 있다. 사실 이 부분은 조세 전문가의 시장에서는 관심분야가 아니다. 개인이 할 일이기보다는 국가나 공공단체가 할 일이다. 필자는 수년 전 국세기본법 제84조에 따른 납세지도사업 계획안을 국세청에 제출한 적이 있다. 이는 납세지도사업에 따른 지원금 수령이 목적이 아니었다. 순수하게 국세청에 문제의식을 던져주고 싶은 의도였다. 물론 납세지도사업은 국세청 담당자의 책상 깊은 곳에 잠자는 듯했지만, 얼마 후에 현실화되고 있었다.

2018년 8월 16일 자 신문 지상에 문재인 대통령과 한승희 국세청장의 면담 이후 조세체납자 재기 지원에 대한 보도자료가 나와서 알게 되었다. 조세특례제한법 제99조5, 그리고 조세특례제한법 제99조10도 연이어 나오면서 체납액 3천만 원 탕감과 가산금 소멸에 대한 법이 시행된 것이다. 필자의 뜻이 세상과 통하고 있다는 사실에 크게 기뻤다. 나중에 본청 징세과 후배에게 전해 들은 이야기지만, 외롭고 힘든 나의 외침이 그냥 땅에 떨어진 것이 아니고 작지만 결실을 맺었던 것이었다.

사실 체납세금 문제를 놓고 크게 보면 5년 지난 장기체납 세금은 모두 다 풀어줘도 된다고 생각한다. 국세 정리보류금액이 20년 소급하여 통산했을 때 153조가 되는데 국가에 도움이 되지 않는 허수만 쥐고 있으면서 납세자에게 족쇄만 채운들 무슨 의미가 있겠는가? 체납자의 재기를 막음으로써 고통을 느끼게 하는 것이 국가의 이익이 되고, 납세순응을 유도하게 되는 걸까?

체납자는 두 번 다시는 체납을 하지 않겠다고 결심할 수도 있다. 그런데 그것은 오래가지 않는다. 체납자에게도 귀가 있고 눈이 있어 '정보 비대칭의 우위 시대' 전략으로는 납세순응을 유도하지 못한다. 그런 전략으로는 국익에 보탬이 되지 않으리라고 본다.

더더욱 중요한 것은 이미 법이 있고, 이 법대로만 제대로 집행해도 5년이 지나면 모두 조세신불자에서 졸업하고 새로운 사업을 할 수 있다는 것이다. 좀 더 분명한 입장에서 이야기한다면, '정직한 실패자'라는 검증에 통과된 사람은 굳이 5년을 기다릴 것 없이 바로 사업자등록증을 발급해줘서 사업을 재개하는 사회 분위기를 만들어야 한다. 실패자에게 오히려 점수를 더 줘서 더욱 잘되도록 하는 시스템을 구현해가는 것이다. 미국 실리콘밸리처럼 말이다.

모자 바꿔 쓰기 근절해야

국세기본법 제26조의 변천사를 보다 보니, 1994년도 전까지는 공매중지한 경우에도 납부의무소멸이 되었다. 그리고 1996년도에는 결손이 되면 납부의무가 소멸되었다. 필자는 이 법이 부활하기를 바란다. 정직한 실패자에게까지 5년이란 족쇄를 왜 씌우느냐는 말이다.

도대체 5년이란 기나긴 세월 동안 그 체납자는 어떻게 영위하던 사업을 하지 않고 무위도식하면서 살아갈 수 있는가? 이것은 국세청에서 그렇게 싫어하는 소위 '모자 바꿔 쓰기'를 조장하는 꼴 아니겠는가? 원인제공은 국세청에서 하고, 생계를 위해서 어쩔 수 없이 명의대여하여 사업을 하면 조세범처벌법에 의하여 처벌하는 것, 이것이 현실인 것이다.

남편이 체납하여 그 사업장에서 부인이 사업자등록을 신청하면 세무공무원은 거부한다.

"세금도 안 내는 사람이 감히 같은 사업장에서 특수관계인에게 또 모자 바꿔 쓰기를 하다니!"

그렇게 사업자등록을 거부한다고 실제 사업하는 사람이 사업자등록증 없이 사업할 수가 있는가? 결국 가족 아닌 타인 명의를 빌려서 하다 보니 사고가 터지고 '체납의 악순환'이 계속되는 것이다. 결국 체납자는 세금으로 잃는 손해보다 더 큰 사업상 손해를 보게 된다.

이런 일은 흔하게 목격되는 일이다. 바지사장은 돈이 들어오는 통장을 보는 순간 욕심이 생긴다. 견물생심이다. 아니, 어쩌면 인지상정이라고 해야 될지 모르겠다. 적어도 코로나 시대를 사는 어려운 상황에서 고양이에게 생선을 맡긴 격이다. 문제는 그렇게 되면 실제 사업자는 사업해서 돈을 벌지 못하고 망하는 건 자명하며, 명의사업자조차 또 체납이 된다는 것이다. 왜 국세청은 이러한 현 실태를 수수방관하고 있단 말인가?

2000년도에 안정남 국세청장이 취임한 이후 담당구역제도를 폐지하여 지금은 사업자와 담당 공무원이 직접적으로 대면할 일이 거의 없다. 모두 시스템으로 돌아가기 때문이다. 그러다 보니 명의대여자가 더 활개를 치고 다녀도 사전예방할 길이 없다. 그러니 체납은 늘고, 그러면 또 명의대여자는 더 늘어날 수밖에 없는 것이 현실이다.

명(名)과 실(實)의 구분이 첫 단계

필자는 2004년도에 자료상 및 명의대여 근절을 위한 자필서명제도 안을 제출하여 국세청에서 채택 후, 사업자등록 신청 시 세무사의 확인을 받도록 제도화한 적이 있다. 결국 세무사들이 불편하다고 민원이 들어와서 그만두게 되었지만. 그러나 이러한 제도는 효율적인 제도적 장치를 만들면 분명 효과가 있으리라 생각한다. 현재 금융기관에서는 보이스피싱 방지 시스템으로 엄격하게 통장관리를 잘하고 있지 않은가? 선량한 예금주 입장에서는 귀찮아서 복장 터질 일이더라도 말이다.

세무행정도 마찬가지다. 사업자등록증이 있어야 세금을 낼 수 있는 것이지만 '명(名)과 실(實)'을 구분하는 첫 단계가 매우 중요하다. 그래야만 명의대여라는 국세청의 숙원과제가 해결될 것이다.

세무대인의 부활!

세무대인이란 1981년도에 설립된 국립세무대학을 졸업한 세무대 출신으로 국세청과 관세청에 근무한 공무원들을 말한다. 그런데 이렇게 말하면 자화자찬이라고 비난을 받을까? 요즘 시대에 대인이라는 표현은 잘 쓰지도 않지만, 스스로 대인이라는 표현을 붙인다는 것은 자아도취에 빠진 세피아(세무대학 마피아)들이 할 수 있는 '자만의 소치'라고 손가락질할 수도 있을 것이다.

국립세무대학은 5,100명을 졸업시켜 국세청 4,020명, 관세청 1,080명 등 나라살림을 하는 현직 공무원을 양성하였고 서울지방국세청장, 부산지방국세청장, 중부지방국세청장, 대전지방국세청장, 대구지방국세청장, 광주지방국세청장을 모두 배출하였다. 올해로 개교 40주년, 폐교 20년이 되었다.

2021년 7월 인사이동 후 현재 국세청 산하 전국 130개 세무관서 중 세무대 출신 서장이 89명으로 68.5%의 비중을 차지한다. 서울지방국세청의 경우 28개 세무서 중 세무대 출신은 24명이고 85.7% 비중을 차지하고 있다. 나머지는 행시가 1명, 7급 공채 1명, 사시 1명, 9급 공채 1명이다.

'세무대인'이란 글자 그대로 '세무대 사람'이다. 이렇게 이야기한들 크게 잘못된 말은 아닐 것이다. 본래 세무대인이라는 표현은 '조선시대 때 세무업무를 하는 덕망 높고 청렴한 대인배 같은 공무원'이라는 뜻으로 지어진 말이다.

'세무대인'이란 글은 30년 전쯤 이규태 칼럼에서 보았다. '세무대인'의 반대말은 '세무소인'일 것이다. 요즘이야 김영란법이 생겨서 세무공무원과 밥 한 끼 먹는 것도 목숨이 왔다 갔다 하는 세상이 되었지만, 조선시대까지만 하더라도 조세를 거두는 세무공무원에게 바치는 뇌물이 다양하게 제도화·합법화되어 있었다. 30년 전 당시 이규태 칼럼의 글은 이런 소인배들이 판치는 세무행정에서 대인을 기리고자 쓴 것이리라.

필자가 보아도 조세행정은 실력과 덕망을 갖춘 사람만이 우뚝 솟는 조직임에는 틀림없다고 생각한다. 이러한 세무대인은 작은 이익 따위에 급급한 소인이 아니다.

덕망 높고 유능하고 청렴한 세무공무원들에게 주어지는 '세무대인'이라는 영광이 다시 살아나기를 희망한다. 앞으로 수많은 세무대인들이 수천만 납세자에게 희망을 주고 도움이 되기를 희망하는 것은 요즘 느끼는 세금의 무게감이 워낙 크기 때문이다.

PART

3

당신도 평생체납자가
될 수 있다

〈오징어 게임〉과
신불자의 삶

지금 전 세계는 〈오징어 게임〉의 광풍에 휩싸여 있다. 이 드라마는 현대 문명사회에 대한 통찰과 인간 본성에 대한 철학적 시사점을 던져주고 있다. 이제 신드롬을 넘어 전 세계 모든 넷플릭스 1위를 달리고 있는 〈오징어 게임〉은 456명의 신불자 이야기다.

경제활동을 하는 순간 죽는다

주인공 성기훈(이정재 분)은 중소기업을 다니다가 퇴출당한 뒤 자영업을 하였지만 실패하고, 사채 빚을 못 갚아 사채업자들에게 신체포기각서를 작성한 신불자이다. 오징어 게임은 주인공 성기훈처럼 빚더미에 짓눌린 456명의 신불자들이 벌이는 서바이벌 게임이다.

그 첫 번째 게임은 어릴 적 봐왔던 '무궁화 꽃이 피었습니다'이다. 소싯적 대표 캐릭터 '영희와 철수'의 영희가 나오는데, 그 영희의 눈에 '움직임이 포착'되면 죽음이다.

"무궁화 꽃이 피었습니다" 이 말이 떨어진 뒤 움직이면 총알이 날아간다.

탕탕탕 탕탕탕.

필자는 이 움직임을 '경제활동을 하는 몸부림'이라고 본다. 국세청은 체납자인 신불자의 소득이 포착되면 즉각 체납처분을 한다. 체납처분을 하게 되면 취업한 신불자는 대부분 퇴사하게 된다. 왜냐하면 이런 상황을 회사에서는 용인하지 않기 때문이다. 사실 회사 경리직원이 압류금지금액 185만 원을 제외한 나머지 금액에서 세금으로 납부하면 되는데, 그렇게 단순한 일이 아니다. 근로자 입장에서는 수입금액이 줄어들게 되어 근로의욕이 떨어질 것이고, 그걸 아는 회사 입장에서는 고용하기가 어려운 것이다.

결국 '신불자가 움직이면 죽는다'는 오징어 게임의 공식은 세무행정 메커니즘의 작동원리에 그대로 반영되어 있는 것이다. 신불자가 경제활동을 하는 순간 바로 즉사한다.

사업자에게 폐업은 사망선고다

한편, 주인공 성기훈이 사채업자에게 신체포기각서를 써준 것은 사업자가 사업을 포기하고 폐업신고를 하는 것과 같다. 체납세금을 조금씩 납부하고 계속 사업하는 꼴을 세무공무원은 용인하지 않는다. '빚 못 갚으면 신체를 포기하라'는 것과 '세금 조금밖에 못 내면 폐업하라'고 하는 것은 같은 것이다. 폐업하는 것은 사업자에게는 사망선고이다. 경제활동을 하더라도 사업자등록이 안 되어 있으면 세금계산서를 발행할 수 없어 돈 받는 구조가 안 되기 때문이다.

그럼에도 불구하고 폐업하면 당장은 두 사람이 좋아한다. 세무공무원은 징수 가능성이 낮은 세금에 힘을 안 써서 좋고 체납자는 직접적인 세금 독촉에 시달리지 않으니 좋은 것이다. 사업자가 폐업하면 정리보류가 되고, 전산관리로 사후관리하게 된다. 이 대목에서 체납자는 5년만 버티면 된다고 생각할 것이다.

이것은 근본적인 대책이 없는 나쁜 행정 아니겠는가? 멀리서 보면 희극이지만 가까이서 보면 참으로 비극인 것이다.

신불자로서 사는 길은 가시밭길이자 암흑세계

필자는 앞에서 2000~2020년도 국세청 정리보류금액이 153조라고 밝혔다. 최근 국세청이 사전공개한 2021년 국세통계연보에 따르면, 2021년 6월 말 현재 국세 누계 체납액은 98조 7,367억 원이다. 이 수치는 '정리 중 체납액'과 '정리보류 체납액'의 합계로 국세징수권 소멸시효가 완성되지 않은 체납액이다. 이 중 '정리 중 체납액'은 9조 9,406

억 원이고 '정리보류 체납액'은 88조 7,961억 원이다(출처:국세청 보도자료, 이택스뉴스).

문제는 세금 체납 신불자들이 자기 이름으로 살아가는 것이 너무 힘들다는 사실이다. 그렇다고 하여 타인의 이름으로 사는 것 또한 쉽지 않다. 이것을 〈오징어 게임〉에서는 여실히 보여준다.

드라마 〈오징어 게임〉을 보면 1차 게임이 끝나고 255명이 죽으니 게임을 거부하겠다는 저항이 일어난다. 결국 민주적인 투표가 시작되고 투표 결과는 놀랍게도 100:100이 되었다. 그러나 마지막 1번 일남이 'X'를 누르면서 과반수가 넘게 되어 오징어 게임은 중단된다.

참가자들끼리 희비가 엇갈렸다. 주최측은 "만약 재참가를 하고 싶다면 언제든지 게임을 재개할 수 있다"고 말한다. 아직 기회는 살아 있다는 것이다.

주최측은 투표 결과에 승복하여 참가자들을 다시 현실세계로 돌려보낸다. 하지만 현실로 돌아온 참가자들을 기다리는 건 거액의 채무와 벼랑 끝에 내몰린 암울한 현실뿐이다. 휴대폰에는 경찰의 출석요구와 대출상환 독촉 문자가 줄줄이 와 있다. 이 스토리가 던져주는 중요한 메시지는 무엇인가? 체납자가 계속 사업을 하건 또는 폐업을 하건 간에 신불자로서 사는 길은 가시밭길이자 암흑세계라는 것이다.

계지자선(繼之者善)

어떤 길을 선택할 것이냐? 이것은 본인의 선택사항이지만 필자는 단연코 폐업하지 않고 계속 사업을 하는 게 맞다고 생각한다. 그러나 자비 없는 사회에서 생존을 위한 인간의 자유의지는 과연 발현될 수 있을까? 결단코 불가능하다고 본다. 그래서 국가가 도와줘야만 한다. 사업할 의지가 있고 납세의무를 성실히 이행할 마음이 있으며 가족을 먹여 살릴 뜻이 있다면 '폐업'은 아닌 것이다.

또한, 2021년 6월 말 현재 98조의 국세 체납을 방관하는 것은 오징어 게임의 주관자들이 게임을 즐기고 있는 것과 무엇이 다른가? 체납자의 납세불순응을 방관하며 지켜보는 것은 납세신뢰도를 떨어뜨리는 조세행정이라는 비난을 면하지 못할 것이다.

필자는 착하게 살고 싶다. '과연 선(善)이란 무엇일까?' 화두가 떠올랐다. 이에 대한 나의 답은 계지자선(繼之者善), 끊어지지 않고 이어지는 것! 이것이 선인 것이다. 부모가 자식을 낳고 또 낳아 대가 이어지듯, 대통령의 말 한마디가 중간에 끊기지 않고 일선 공무원에게까지 전달되어 이어지듯, 기업도 폐업하지 않고 승계하여 이어지듯, 계속 이어지는 것이 선인 것이다. 기업으로서는 장수 기업이다! 말만 들어도 참 아름답지 않은가?

10년이면 강산도 바뀌겠지만 기업은 폐업하지 않고 장수해야 한다. 기업 승계는 꼭 세수증대 차원이 아니더라도 국가사회와 개인을 위해서 참 좋은 것이다.

폐업은 무엇이 문제일까? 폐업이 되면 지하경제로 활동하게 되어 세수기여할 기회가 없어지는 것은 기본이고, 음성거래나 명의대여로 사업하다 보니 오래가지 못하고 망하는 게 기본공식이다.

폐업한 신불자가 주검처럼 널려 있는 이 시대의 안타까운 신불자들의 삶을 돌아보자. '세금은 최소한의 사회안전망'으로, '세금으로 망한 자, 다시 세금으로 흥하는 사회'를 만들어보자.

이제 가슴 절절한 신불자의 사례 세 가지를 살펴보고, 미래의 납세자를 위하여 어떻게 응원할지 고민해보자. 고달프고 힘든 삶을 사는 사람들의 마음을 한 번이라도 따뜻하게 안아보자.

사례 1. 청춘을 돌려다오!

첫 번째 이야기는 20대 IT 사업가가 망한 사례이다. 체납자의 다른 말은 '미납자'이다. 미납자는 곧 '미래의 납세자'이다. 이렇게 어려운 아사리판 같은 사회환경에서 순진무구한 기업가정신으로 똘똘 뭉쳐진 청춘의 삶은 무너지고 있는 것이다.

실력 있는 프로그래머인 A씨는 십수 년 전에 어떤 제안을 받았다. A씨가 개발한 저작권 침해 방지 프로그램에 거액을 투자하겠다는 투자전문가의 제안이었다. 지금이야 빅데이터니 AI 같은 용어가 흔한 것이지만 당시는 그런 개념조차 생소하던 때, A씨는 빅데이터를 이용한 프로그램을 개발했다. 사실 A씨는 컴퓨터가 너무 좋아서 대학 진학을 포기하고 프로그래머로 활동하였다. 그러한 그에게 이 같은 제안은 너무나도 기적

같은 일이었다.

계약금을 받아서 사무실을 임대하고, 직원을 채용하고, 필요한 하드웨어와 소프트웨어를 구매하여 업무를 시작하였다. 그러나 A씨와 계약한 투자전문가는 계약서를 활용하여 거액의 대출을 받고는 추가투자를 나몰라라 하고 급기야 잠적하고 말았다. 계약이행을 촉구하는 소송과 자신의 프로그램 저작권을 지키는 소송 등으로 수년의 시간을 허비하는 동안 그는 체납자로 전락하였다.

체납자 A씨는 자신의 이름으로는 아무것도 할 수 없었다. 조세채권에 소멸시효라는 것이 있다는 것도, 그 시효가 5년이라는 것도 그는 알지 못했다. 청산 절차를 밟지 못하고 청산 간주되어버린 법인의 깡통계좌, 매출채권 등등 자신도 알지 못하는 압류들이 십수 년이 지난 후에도 그대로 남아 있었다.

그저 코딩하는 것이 좋았던 20대 청년은 40대 아저씨가 되어 있었고, 입에 풀칠하기 위해서 여기저기 아르바이트로 프로그램을 만들어주는 일당쟁이로 전락했다. 그럼에도 아직도 코딩에 대해 대화를 풀어가는 A씨의 목소리는 힘이 있다. 깊은 울림이 있다. 그는 현재의 인터넷 문화와 벤처기업 문화에 대한 깊은 이해가 있고, 대학을 포기하면서까지 좋아하는 일에 매달린 청춘에 대하여 우리 사회에 하고 싶은 아름다운 이야기가 있다.

십수 년 전 더 좋은 투자자를 만났다면 그도 지금쯤 훌륭한 벤처기업가가 되어 고용창출과 세수증대에 이바지하고 있을 것이다. 십수 년 만에 체납자의 굴레에서 벗어난 그는 예전처럼 패기 있게 투자를 받아서 창업을 하고 고용을 하여 벤처를 일굴 용기가 없다. 그저 자신의 이름으로 계약을 하고, 자신의 계좌로 일한 대가를 받는 것에 안도할 뿐이다.

"Boys be ambitious"란 말을 목소리 높여 외칠 수 있는 대한민국은 언제 오려나!

사례 2. 삶이 송두리째 흔들리다

두 번째 사례를 보자. 40대 중반 이혼녀의 이야기다. 남편에게 버림받고 체납만 떠안게 되어 일용직도 하지 못하는 신세이다. 그 탄원서 내용을 살펴보겠다.

본인은 전남편 박모씨에게 명의를 빌려줬습니다. 2007년도에 제 명의로 사업자를 내고 건설기계(굴삭기)를 구입하였습니다. 당시 저는 사업에 대해 아무것도 모르는 사람인지라 그 사람을 믿고 아무런 의심 없이 모든 것들을 허용해주었습니다. 지금 이 시점에서는 제 자신이 한심하고 죽고 싶은 심정입니다.

사업을 해서 잘 하고만 있을 거라 생각하고 있었습니다. 2011년 그 사람 집안에서 무서운 일을 경험하고 도저히 함께할 수 없다는 판단하에 헤어지게 되었습니다. 그 후 제 이름으로 부가세 연체가 되어 있었다는 것을 알게 되었습니다. 그 사람에게 연락해보니 "굴삭기 팔면서 해결됐으니 아무 일 없다"고 전해 들었습니다. 그 말만 믿고 지내다가 국세청 홈택스에 접속하게 되었는데 부가세 연체라고 되어 있어서 깜짝 놀라 연락을 해보았지만 연락이 되지 않았습니다. 예전에 그 사람 부모님 사셨던 집에도 가보았지만 이사 가고 없었고 여기저기 수소문해 보아도 그 행방을 찾을 수가 없었습니다.

방법은 제가 납부할 수밖에 없다는 것을 알았지만 수입도 적고 급여도 일정치 않아서 혼자 생활하기도 급급한 상황이라 고민만 깊어갔습니다. 그 사람이 남겨준 빚이 부가세뿐만 아니라 카드 대출, 마이너스통장 대출, 건설기계 구입비 등등 너무 많아서 혼자 갚을 수 없기에 신용회복 신청하여 갚고 있는 상황이었습니다. 또한 본인은 신용불량자라 대출도 받을 수 없는 처지인데 하물며 제 명의의 핸드폰 개통도 못할 정도의 처지였습니다.

그래서 아무 대책도 세울 수 없던 저는 여기저기 알아보니 5년 후면 소멸시효로 세금도 없어질 수도 있다는 얘기를 듣게 되었습니다. 그렇지만 소멸시효는 소득도 없어야 하고 재산도 없어야지만 될 수 있다고 하여 최근까지도 회사생활도 제대로 하지 못하고 겨우 일용직 생활만 할 수 있었습니다. 경제적으로도 어려워 다달이 월세 주며 생활하고 있고 그렇게 하루하루 지내고 있었습니다.

폐업 시점이 2012년 2월 1일이기에 2017년 1월 30일이 소멸시효일이어서 5년 동안 국세청에서 체납이나 압류 통보 등등 이런 일들이 없었으니 당연히 소멸된 줄로만 알고 있었습니다. 이것은 단순무식한 저만의 생각이었습니다. 그 5년 동안 얼마나 힘들고 마음 졸이며 어렵게 살았던지……. 저는 '이제야 그 굴레에서 벗어나겠구나' 생각했었습니다.

그러나 2017년 5월 30일 체납 통보가 우편으로 날아왔습니다. 세상 무너지는 그 절망감을 누가 알까요? 다음 날 바로 영등포세무서에 전화를 해보니 그 담당 조사관도 "소멸시효 됐었어야 했는데?" 이러시더니 한참 검토 후 "건설기계 압류가 되어 있어서 소멸시효가 되지 못했다"는 말을 전해 듣게 되었습니다.

건설기계는 왜 압류가 되어 있었을까요? 아무 상황도 모르는 저는 앞이 깜깜해졌습니다. "건설기계 압류를 풀어야지만 소멸시효가 완성된다"고 합니다. 그래서 해결하려고 차량등록과에 가서 등록증을 확인해보려고 했지만 제 명의가 아닌 것은 서류를 뗄 수도 없고 볼 수도 없다고 합니다. 참으로 기가 막힌 상황입니다. 본인 문제를 풀기 위해 본인 재산을 확인하는 것조차 안 된다고 하다니. 서류 확인하는 시작단계에서부터 막혔습니다. 이런저런 상황도 모르는 저는 해결할 수 있는 방법이 아무것도 없었습니다.

세무서 담당 조사관은 "조금 기다려봐라", "서류 신청해서 알아보고 전화 주겠다", 계속 기다려보라고만 하다가 몇 달이 지났습니다. 기다리라는 말만 믿고 기다리고 있는데 갑자기 보험 압류 통보가 날아왔습니다. 혼자 살면서 경제적으로도 어려워 나이도 있고 아프기라도 하면 어쩌나 해서 겨우 종신보험 하나 들어놓았던 것인데 압류라니……. 또다시 절망감에 빠졌습니다.

결국 '어떻게 해서든 갚아야만 해결할 수 있다'니 갚을 수 있는 방법을 생각해보았습니다. 분납이라도 해볼 수 있을까 하여 물어봤더니 "분납은 안 되니 완납해야 한다"고 합니다.

이렇게 말씀드릴 수밖에 없는 제 자신이 한심하지만 저는 그럴 만한 경제적인 능력이 없습니다. 부모님도 연로하시고 이 상황 말씀드리면 쓰러지십니다. 그렇다고 해서 해결해주실 수 있는 경제력도 안 되시니 전 대체 어떻게 해야 할까요? 제가 이 세상에서 없어지는 것만이 해결할 수 있는 유일한 방법일까요?

위 내용을 보면 절절한 신불자의 한 맺힌 절규를 볼 수 있다. 극단적인 방법까지도 생각하는 것이다. 신불자 아주머니는 답답한 마음에 변호사를 통하여 손해배상청구를 시도하였다. 변호사 비용을 지불할 돈도 없어 제대로 법률 검토도 못 한 거지만 세무공무원이 한 번쯤 돌아봐야 할 대목이다.

손해배상청구 내용은 이렇다.

첫째, 2008년 압류 후 2개월 내에 공매하고 압류해제하였다면 2013년도에 시효소멸이 되었을 것이다. 그동안 시효중단으로 인해 경제활동을 못 한 것에 대한 손해배상을 청구한다. 2008년도 압류 당시 현황을 보면, 당시 굴삭기의 시세는 9천만 원으로 그 당시 공매가 되었다면 체납세 1,100만

원을 갚고도 8천만 원 남았을 것이다. 설령 단돈 1만 원에 공매가 되었다고 하더라도 그 당시에 공매만 되었다면 현재의 체납세액은 시효완성으로 소멸되었을 것이다. 그러나 지금은 감가상각으로 가격이 하락(2017년 1,700만 원)되었을 뿐만 아니라 가산금은 2,500만 원 더 붙어서 현재 체납은 3,600만 원이다.

둘째, 2012년 사업자등록 여부를 확인해주기 바란다(차량번호 변경, 명의자 K○○). 압류물건을 거래하는 자체는 무효일 수 있겠지만 이미 제3자에게 소유권이 이전되었고 굴삭기를 매수한 사람이 사업자등록증까지 발급받았으니 세무서에서 거래를 인정한 것으로 보아야 하지 않겠는가? 따라서 소유권 이전 시점을 압류해제일로 보아 시효기산일을 소급 적용하여 시효완성으로 인한 납부의무소멸을 하는 것이 마땅하다.

이런 내용으로 세무서 납세자보호담당관실을 통하여 고충신청을 하고 눈물로 호소하였다. 그리고 그 결과 인용되었다.

사례 3. 정신병원 환자 명의도용

세 번째 사례는 정신병원에 20여 년 입원한 조현병 환자가 명의 도용인지 대여인지 알 수 없는 사업자가 되어 체납이 된 사례이다. 조현병 환자의 친형이 평생 동생을 돌봐주고 있는데 그 형이 제출한 탄원서 내용이다.

고충신청서(탄원서)

Ⅰ. 신청인
이름 : A체납자(62년생)[대리인, 형 B(58년생)]
주소 : 경기도 고양시

Ⅱ. 고충신청의 내용
정신이상으로 의료기관 입원, 퇴원, 가출을 반복하고 있는 A체납자가 명의도용을 당하여 부과된 국세를 실지 사업자가 아니므로 부과처분을 취소하여 주십시오.

Ⅲ. 고충신청의 이유
1. 본인과 대리인과의 관계
A체납자는 대리인 형 B의 동생으로서 1997년경부터 조현병으로 가출과 입원, 퇴원을 반복하고 있는 정신장애인입니다. 대리인 형 B는 A체납자가 초기 정신병 발병했을 때부터 가족으로서 돌봤으며, 생활비는 물론 병원비까지 모두 부담하고 있는 실정입니다. A체납자가 가출 후 신원 미상의 자에게 명의를 도용당하여 2005년 10월경 "SS"라는 상호의 유흥주점 사업자로 등록된 후, 2006년 2월경 폐업되기까지 약 4개월간 부가

가치세, 개별소비세 등을 부과처분 받았습니다. 이후, 대리인 형 B는 2017년에서야 위 부과처분 세금에 대하여 귀 국민권익위원회에 고충민원을 제기하였고, 귀 국민권익위원회에서 2017. 5. 15. 시정권고 결정을 하였습니다. 그러나 해당 ○○세무서장, ○○○세무서장은 부과제척기간 경과를 이유로 거부 처분하였습니다.

2. 고충신청의 이유

A체납자가 정신질환 환자로서 정신장애인이며, 정상적인 의사능력, 행위능력, 권리능력이 전혀 없는 상태로 유흥주점에 명의를 도용당한 것은 누구나 인정하는 사실인데, ○○세무서 등은 실사업자를 법원 판결을 통해 확인해야 한다는 이유와 부과제척기간이 경과하였다는 이유로 권익위원회 권고를 받아들이지 않았습니다.

탄원인인 대리인 형 B는 시골에서 농사를 짓고 살아 세금에 대한 지식은 전혀 없는 상태에서 A체납자가 무단가출하여 발생된 2006년부터 대포 폰 10대의 명의도용 문제를 통신사를 통해 해결하였는데(통신사에서는 이러한 사정만으로 명의도용한 통신비를 탕감함) 세무서에서는 누가 봐도 정신이 온전하지 않은 A체납자에게 사업자등록을 해준 과실이 있음에도 불구하고 A체납자에게 '실사업자를 찾아오라'며 책임을 전가한 채로 부과제척기간을 지나가게 만들었습니다. 체납 세금을 징수하기 위해서 A체납자 명의의 예금계좌를 조회라도 해보았으면 공동명의의 ×××라는 인물을 찾을 수 있었을 텐데, 정보접근이 상대적으로 어려운 본인에게만 모든 책임을 미루고 납부만을 강요하면서 보호자들에게 고통을 지우고 있습니다. 탄원인인 대리인 형 B는 2017년 세무대리인의 도움으로 ×××라는 인물을 찾아냈고, 병원 입원치료 기록, 형사사건 기록 등을 모두 제출하면서 국민권익위원회에 구제신청을 하였습니다.

그 와중에 부친께서 정신상태가 온전하지 못한 동생을 위해 마련해주신 농지가 압류당하고 세 군데 세무서에서 돌아가며 공매를 한다는 압박을 하여, 대리인 형 B는 공매를 막기 위해 조금씩 세금을 내고 있는 실정입니다. A체납자의 매달 병원비, 생활비를 부담하며 돌보고 있는데, 그 부담 또한 실로 막대합니다. 2019년에는 ○○세무서의 공매통지서를 받고 1천만 원이나 되는 돈을 대신 납부하기도 하였고, 2016년부터 입원하고 있는 ○○마음 병원에 5년간 1천만 원 이상 병원비를 썼으며, 생활비까지 만만치 않게 들어가는 상황입니다.

정신장애인이 국가의 보호를 받지 못하는 상태에서 명의도용을 당해 생긴 세금을 본인이 책임지라는 것은 보호자가 책임지라는 것입니다. 대리인 형 B는 시골에서 농사를 지으면서 동생이 저질러놓은 대포 폰 10여 대의 요금을 해결하려고 쫓아다녔고, 세금 문제를 해결하려고 애를 쓰고 있습니다. 압류되어 있는 농지라도 체납자인 동생 앞으로 되어 있어야 향후 형이 경제활동을 못 하거나 유고가 생겨서 동생을 돌보기 힘들 때를 대비할 수 있으니 부디 선처해주시기 바랍니다.

3. 국세 납세고지서 송달에 대한 의견

A체납자의 체납 세금에 대하여 국세청에 확인한 송달내역은 아래와 같습니다.

관할 세무서	전자납부번호	고지일자	송달일자	송달방법	납부기한	독촉납부기한	미수납세액
○○	200603-5-41-1			확인 안 됨	2006-03-31	2006-04-20	7,490,190
○○	200602-5-42-2			공시송달	2006-04-03	2006-04-23	8,494,760
○○○	200612-6-10-3	2006-12-01		공시송달	2007-03-14	2007-04-03	14,784,940
○○	200705-6-41-4	2007-05-04	2007-05-28	등기	2007-05-31	2007-06-20	23,112,440

○○	200708-6-42-5		2007-08-27	등기	2007-08-31	2007-09-20	31,658,520
○○○	200808-6-42-6	2008-08-05		공시송달	2008-10-02	2016-12-31	10,878,290
○○○	200811-6-10-7	2008-11-13	2008-12-02	등기	2008-12-15	2009-01-04	56,929,000
○○	201102-6-83-8				2011-02-28	2011-03-30	121,000

A체납자의 보호자인 대리인 형 B가 쟁점 체납 사실을 최초로 알게 된 것은 2006년 하반기 부동산 압류통지서를 수령한 때부터입니다. 대리인 형 B는 실종되었던 A체납자를 2006년 2월 경기도 광주시에서 데리고 올 당시 A체납자는 보호자들이 알 수 없는 이유로 서울시 ○○동으로 주민 등록이 되어 있는 사실을 발견하고, 즉시 본가인 경기도 ○○동으로 전 입을 하였습니다. (2006.2.15.)

총 8건의 고지에 대하여 단 2건이 등기로 송달되었다고 국세청 전산에 기록되어 있고, 이마저도 수령인을 확인할 수 없다고 합니다. ○○세무 서의 최초 고지인 2006년 3월 고지분의 경우 고지서와 독촉장이 적법하 게 고지가 되었다면 A체납자의 본가이며 가족들이 살고 있던 경기도 ○ ○동으로 송달이 되었을 것이고, 즉시 가족들이 알게 되었을 것입니다. 그러나 대리인 형 B는 물론 당시 해당 주소지에 살고 있었던 형제 누구 도 고지서와 독촉장을 수령한 사실이 없습니다.

대리인 형 B는 2006년 2월 A체납자를 데리고 오자마자 A체납자 명의 의 대포 폰 10여 대를 명의도용으로 신고하고 미납 요금 등을 처리하였 습니다. A체납자의 보호자들은 A체납자의 문제를 적극적으로 처리하고 있는데, 압류의 근간인 2006년 3월, 2월 고지분인 부가가치세와 특별소 비세에 대하여 과세관청이 선량한 관리자의 주의의무를 다하여 송달 노 력을 하였는지 살펴보아 주십시오.

고지서가 적법하게 저희 집으로 도달했어야 할 무렵에 대하여 반추해

보면 A체납자는 집으로 데리고 오자마자 정신병원에 입원하여 본인이 수령하기는 어려웠을 것이며, 혹시라도 집에 머물던 며칠 사이에 본인이 수령을 했다 치더라도, 외관으로 보아도 확연히 온전한 정신을 가진 사람이 아닌 그가 수령한 고지서가 송달의 효력이 있을 것인지도 살펴보아 주십시오. 만약에 ○○세무서의 최초 납세고지서 송달에 하자가 있다면 2006년 10월 9일에 한 ○○세무서의 압류는 무효가 되어야 합니다.

2006년 12월 1일 발송한 ○○○세무서의 종합소득세 고지서는 납부 기한이 3월 14일이며, 공시송달 되었습니다. 당시 A체납자의 주소지는 경기도 ○○동으로 가족이 살던 집으로 되어 있었고, 본인은 병원 입원 중이었습니다. 이후 2007년 2월 12일부터 2007년 4월 11일까지 인천광역시 ○○동 여동생의 집에 전입이 되어 있었고, 두 군데 주소 모두 A체납자 가족의 거주지였으며 송달을 받지 못할 아무런 이유가 없었으나, 고지서와 독촉장을 송달받은 적이 없습니다.

A체납자의 보호자 대리인 형 B는 본 건 세금과 관련하여 2006년 하반기에 부동산 압류통지서를 받은 것 이외에는 등기나 세무서 직원 방문 등 단 한 번도 송달을 받은 기억이 없다고 하고 있으며, 대포 폰에 대한 통신비 해결, 병원비 등의 부담 등 그동안 대리인 형 B가 A체납자의 보호자로서 행해왔던 것들로 비추어 거짓이 없습니다.

따라서 ○○세무서와 ○○○세무서의 고지서와 독촉장 송달이 선량한 관리자로서의 주의의무를 다한 송달이었는지 살펴서 압류처분의 무효 여부를 판단하여 주시기를 간청드립니다.

이 건은 처음 국민권익위원회의 권고안을 받고 나서 세무서에서 받아들이지 않아 국민권익위원회에 재심 청구하여 인용받은 뒤 다시 관할 세무서에서 고충심의위원회를 거쳐서 해결되었다. 체납 발생일로부터 해결하는 데까지 걸린 세월이 무려 15년이다.

무덤까지 따라오는
세금체납

조세심판원의 결정 사례 중 안타까운 내용이 있다. 이러한 사례는 빈번하기 때문에 잘 살펴볼 필요가 있다.

세무서는 사업부도로 폐업한 홍길동이 보유한 토지에 대한 공매 절차에 들어갔다. 그러나 여러 건의 우선채권자의 압류가 해당 토지에 설정되어 있는 점 때문에 세무당국이 공매중지 결정을 한 건이 었다.

20년 잠자던 세금, 지금 내셔야겠어요

체납된 건은 1997년도 발생된 것으로 20년이 지났다. 현행 세법은 5년이 지나면 소멸시효가 완성되어 체납세금이 소멸되도록 되어 있다. 이것은 시효중단만 되지 않았다면 벌써 시효완성으로 납부의무 소멸되어 체납세금이 남아 있지 않았을 건이다. 그러면 지금은 당당하게 사업을 재개하여 세수기여에 한 몫을 하고 있었을 것이다. 세무당국은 이 기간 안에 재산에 대한 체납처분을 하여 세금을 징수했어야 했다.

이 사건에서 세무당국은 20년이 지난 2017년에 다시 공매를 진행해 세금징수 절차에 들어갔다. 이에 홍길동은 너무 부당하다고 판단하여 곧바로 불복청구를 했다. 1997년 당시 세무당국이 해당 토지의 공매실익이 없다고 판단하여 공매를 중지하고 압류해제를 했다면 소멸시효가 완성됐을 것이라고 주장했다. 즉 홍길동은 공매중지로 인해 압류해제가 되었다면 소멸시효 완성으로 체납세금은 소멸되었을 것이라고 주장하는 것이다. 사실 1994년도에 폐지된 법이지만 국세기본법 제26조에서는 공매중지도 납부의무소멸에 들어간 적이 있었던 건 사실이다.

그러나 20년이 지나 체납처분 절차에 들어간 세무당국의 주장은 이렇다.

"국세보다 우선하는 담보채권이 없을 뿐만 아니라 당시 공시지가가 체납액에 부족하다고 하여 충당할 잔여가 전혀 없는 것은 아니다. 당시 처분청의 공매중지가 홍길동이 주장하는 압류해제 사유에 해당한다고 볼 수 없다."

공매중지를 한 국세청은 "처분청이 공매의뢰를 해제한 것은 압류재산의 실익 여부를 따져 재공매하기 위한 것이다. 공매의뢰가 해제

되었다고 곧바로 압류가 해제되었다고 볼 수 없다"는 입장을 되풀이하였다.

이에 조세심판원은 "토지가 공매될 경우 공매대금 중에서 선순위채권에 충당하고 잔여금이 생길 수 있는지 여부는 해당 부동산을 공매해야만 판단할 수 있다. 이후 해당 토지에 대한 약식감정 결과 일부가 공매실익이 있는 것으로 나타났다"고 결정했다. 체납자로서는 참 억울할 것이고, 구제받지 못해 아쉬운 점이 많다.

필자가 보기에도 분명 '국고주의' 입장에서 잘못 결정한 것으로 판단된다. 그래서 이러한 체납자의 고충을 알고 있는 국세청 징세법무국 징세과에서는 2017년 11월 15일 보도자료를 냈다. 체납자의 권익을 살리기 위한 지침이다. 재산 추산가액이 100만 원 미만인 공매실익 없는 부동산(도로, 하천, 맹지 등)의 압류를 해제하여 소멸시효 진행을 통한 영세 체납자의 재기 지원을 한다는 내용이다. 이것은 국세징수법 제57조(압류 해제의 요건)에도 있다. 적극행정으로 풀려면 풀 수 있는 것들이 많은데 아쉽다.

체납자도 부익부빈익빈인가? 재산적 가치가 없는 부동산이 압류된 경우 공매조차 되지 않아 평생체납자가 될 수밖에 없다. 이에 대한 근본적인 대책 마련이 필요하다. 징수권 소멸시효에 대한 당초의 입법취지를 잘 살려 생계형 영세 체납자를 지하경제에서 구제하여 경제적 재기를 지원하는 것이 국가경제에 도움이 되리라 본다.

체납자를 살리는 길은 없는가?

2018년 EBS 〈다큐프라임〉 '경제대기획 빚' 3부작 방송이 있었다. 그 당시 가계부채는 1,500조! 2021년 11월 23일 언론 보도자료를 보니 이제 가계부채가 1,845조 원을 돌파했다고 한다. 그사이 345조가 늘었다. 가계부채가 1년 동안 163조 원 이상 늘어나서 사상 최대라고 한다. 보도자료 제목은 〈가계 빚 대책 어떻게 할 것인가? 경제적 약자·서민·취약계층, 살 길을 찾아야 한다〉라고 되어 있다.

체납의 도미노

필자가 생각하는 경제적 약자, 서민, 취약계층은 통상 '신불자'로 불리는 금융, 조세, 4대보험, 추징금, 과태료 체납자이다. 여기서 가장 큰 축은 금융·조세 분야이다. 4대보험과 추징금, 과태료 연체자도 적지는 않지만 금융·조세의 큰 그늘에 가려져 이에 관심을 가질 사회적 분위기가 아직 형성되지 않았다. 중요한 것은 어느 한 가지라도 연체가 되어 있으면 신불자 신세를 벗어나지 못한다는 사실이다.

도미노 현상처럼 한 가지라도 연체가 되면 줄줄이 연체되기 쉽다. 성실 납세자가 사업을 잘 영위하다가 금융비용 등 관리를 잘하지 못하면 결국 세금조차 납부하지 못하고, 나아가 4대보험도 못 내는 수순을 밟게 된다.

자영업자들은 코로나 사태가 길어지면서 자금난에 시달리고 있다. 매출격감으로 인하여 인건비, 임대료, 대출이자, 제세공과금 등 버티기 어려운 상황에 세금까지 부담해야 하니 죽을 지경이다. 올해 들어 개인파산이 급증했는데 대부분 자영업자들이다. 이렇게 어려운 코로나 시대에 세금 체납은 과연 체납자만의 책임인가? 이렇게 반문하고 싶다.

사업자의 환경이 열악하고, 정보가 부재하고, 납세자에게 맞는 맞춤형 세무정보 서비스를 제공하지 않으면 바로 쓰러질 영세 사업자가 너무나 많다. 신규 사업자, 청년 사업자, 여성 사업자, 재도전 사업자들을 아주 가까이서 도와줘야 한다. 마치 어린아이에게 젖을 주듯이 말이다.

정직한 실패자는 즉각 재기할 수 있도록 도와야

10년 동안 사업을 잘하다가 부도 난 어느 업체 사장의 말을 들어보자.

"세금 잘 낼 때는 아무 말 없는 정부가 세금 체납을 하니 가만히 두지를 않는다. 온갖 체납처분을 다 하여 어려운 사업을 더 빨리 확실하게 망가뜨리는 재주가 있다."

일리가 있는 이야기다. '정부는 아무 반대급부도 없이 세금만 잘 받다가 막상 사업자가 힘들어지니까 일으켜 세우기는 고사하고 바로 발로 밟는다'고들 말한다.

세금을 갚지 못해 노예 같은 삶을 사는 사람들이 많다. 국세기본법 제27조를 보면 5억 원 미만의 국세는 국세징수권 소멸시효가 5년인데 이게 말이나 되는 소리인가? 5년 중 한 달이라도 경제활동을 하지 않고 어떻게 살 수 있단 말인가?

EBS 〈다큐프라임〉 '경제대기획 빚' 3부작에 나오는 이진희 씨 가족의 생활재정상태를 보니 밥과 반찬비, 교육비를 제외하더라도 만만찮다. 주택담보대출 1억 5천만 원에 대한 매월 이자를 포함한 원금상환 금액이 50만 원, 세탁기 할부금 38만 원, 공기청정기 80만 원, 냉장고 100만 원, 정수기 렌탈 4만 8천 원, 자동차 월 32만 원이다. 놀라울 따름이다. 기본생활을 유지하기에도 참 버거운 가정 살림살이다. 누군가 옆에서 '후' 불기만 하여도 쓰러질 지경이다. 생계형 체납자들은 늘 이런 위험 속에 살얼음판을 걷고 있다.

이런 위험으로부터 사람들을 구제하기 위해 도입된 제도가 '납부의무소멸'이다. 1994년도에 폐기된 국세기본법 제26조 '납부의무의 소멸'에는 '공매의 중지'가 있었다. 압류재산이 실익이 없어 공매중지가 되면 체납세금이 소멸되는 것이다. 그리고 1996년도에 폐기된 국세기본법 제26조 '납부의무의 소멸'에는 '결손'도 있었다. 필자는 이 법을 부활하기를 강력하게 희망한다. 정직한 실패자를 구제해야 하지 않겠는가?

여기서 '정직한 실패자'라 함은 객관적이고 명백한 소득에 대한 사용처를 소명할 수 있는 사람이다. 예를 들면 부동산을 10억에 팔았는데 양도소득세가 5억이 나왔다. 그런데 빚이 10억이다. 금융부채부터 먼저 정리해야만 한다. 빚 정리하고 나면 당연히 남는 돈이 없으니 세금을 낼 재간이 없다. 다른 재산이 있으면 그것을 처분해서 내어야 하는 상황이다. 물론 여기서도 기존 금융부채에 대한 사용처를 확인하는 검증시스템은 필요하다. 사용처 내역에 문제가 없어야 할 것이다.

영세 사업자의 사례를 보자. 1년 매출규모가 1억 원 정도 되는 사업자의 마진이 10%라고 했을 때 부가가치세 1천만 원을 낼 수 있을까? 8,000만 원 간이과세자의 기준도 올리고, 세금계산서 발행 의무도 강화해야 할 것이다. 세법 구조가 생계형 체납자를 양산하는 구조라면 근본적인 세법 정비가 필요하다.

세금을 체납했어도 아이들 교육은 시키고 경제활동을 이어나가게 할 수 있는 구도가 필요하다. 신불자라도 먹고살 수 있는 길을 열어주자는 것이 '납부의무소멸'에 대한 법의 취지일 것이다. 특히 정직한 실패자는 즉각 재기할 수 있도록 하여야 한다. 정리보류 후 그다음 날이라도 사업자등록증을 발급해주어서 사업재개를 도와야 한다.

명의대여의 유혹

필자도 양심고백을 하자면 체납정리 업무 시 폐업을 권했다. 도저히 징수할 수 있는 상황이 안 되어 더 이상 독촉할 수 없어 정리보류하고자 함이었다. 폐업을 권하는 것도 아주 조심스럽다. 가끔 반발하는 체납자가 있기 때문이다. 체납자들은 비록 적은 금액일지라도 분납해서 세금도 내고, 계속 사업하면서 생계를 이어가려고 한다. 징수공무원이 그냥 폐업하라고 하면 폐업은 할 수 있겠지만 모자 바꿔 쓰기를 할 수밖에 없다. 생계를 끊을 수는 없기 때문이다.

그러나 조세채무자의 심리 속에는 공포심이 있다. 따라서 어린아이처럼 공무원이 시키는 대로 잘 따라 한다. 5년 후 체납세금이 소멸된다는 말에는 '감사하는 마음'을 가진다. 자신에게 친절할 것이란 생각에 우호적인 감정을 가지면서 질문한다.

"그러면 제 아내 명의로 사업자등록증을 신청해도 될까요?"

그러면 공무원은 더 이상 불친절하게 대할 수가 없어 설명까지 해준다.

"사업자등록 신청 시 담당 공무원이 현지 확인하러 나오면 부인이 실제 사업하는 것으로 하셔야 합니다. 동일 사업장에 체납이 있고 신규 사업자와 특수관계자이면 사업자등록을 거부할 겁니다. 반드시 실제 사업자가 누군지 확인하니까요."

체납자의 공포심에서 비롯한 일련의 폐업 과정과 '모자 바꿔 쓰기'는 이렇게 진행된다.

공무원이 선심을 베푸는 과정에서 시작된 일이 결국 체납자 가족에서 나아가 노숙자, 무재산 고령자, 무자력자의 명의를 빌려 사업자등록을 신청하는 결과를 가져온다. 잘못된 학습으로 또 한 번의 체납이 양산되는 것이다.

그동안 체납독촉을 받느라 마음고생도 했지만, 공무원의 잘못된 친절행정은 납세신뢰도를 떨어뜨리는 결과를 만들게 된다. 이것은 올바른 납세신뢰도를 만들지 못해 납세순응을 일으킬 수 없다. 이러면 지하경제는 점점 더 커질 수밖에 없는 것이다.

왜, 세무공무원에게는
책임을 묻지 않는가?

"법인 예금통장에 잔액이 344원 압류되어 있어요. 그것 때문에 체납세금 소멸이 안 됩니다."

15년 전 체납. 그 당시 살인죄 공소시효도 15년이었다. 세금 못 낸 죄가 살인죄보다 더 크구나. 그것도 통장 잔액 344원이 압류되어 있어서 시효진행이 안 되다니.

15년 지난 지금도 체납자 신세이다. 지금 압류해제해도 또 5년이 지나야 되는 상황. 분납의 길이라도 열어주었다면 이미 다 완납했을 텐데…….

'All or Nothing'의 조세행정으로 체납자는 이런 힘든 상황을 벗어나지 못하고 있다.

344원 압류되어 15년간 체납자로

체납이 된 경위를 살펴보니, 남편이 사업을 하다 망했다. 부인을 법인 대표이사로 내세워 사업하다 또 실패했다. 그리고 이혼! 이혼하고도 세월이 많이 흘렀지만 부인은 여전히 체납자이다. 꼴 보기도 싫지만 실사업자인 전남편에게 체납세금을 정리해달라고 독촉한다. 명의자인 부인은 돈 한 푼 번 것 없이 체납세금만 고스란히 안고 있다. 실사업자인 남편은 부인 뒤에 숨어서 웃고 있을까? 그나마 돈을 잘 벌고 체납이 되었다면 다행이지만 사업이 안 되어 돈도 못 벌고 또 망한 것이다.

이런 일은 다반사로 일어나는 사회현상이다. 남편이 망하고 난 뒤 배우자 이름으로 사업하다 또 망해서 체납이 되는 경우. 이 사례는 필자가 박사논문 설문조사를 하면서 무수히 만난 사례들 중 하나였다.

부부 두 사람은 사업실패와 이혼, 두 가지 아픔을 겪었다. 이혼하고 얼굴도 못 본 지 15년. 부인은 여전히 체납자 신세라 일당 받는 일조차 할 수 없었다. 세금 체납은 법인이지만 대표이사가 과점주주라 제2차 납세의무자로 되어 있었던 것이다. 체납자는 15년 동안 본인 이름으로 경제활동을 못 하여 온갖 고초를 겪었으리라. 얼마나 힘들었으면 꼴도 보기 싫은 전남편에게 세금 문제를 해결하라고 연락했을까? 그 남편 또한 처참하게 무너진 자기 삶을 토로했다. 본인도 사업하다 망했고 부인 또한 망하게 한 것이다.

부부 두 사람이 체납자가 된 지 15년. 남편이 주위에 알아보니 '5년이면 체납세금이 없어진다'는 희망적인 소식을 들었다. '그런데 왜 체납세금이 없어지지 않을까?' 의문이 생겨서 세무서를 방문하여 알아보니 344원 법인 예금 잔액이 압류되어 있는 것이었다. 국세징수법 제41조 압류금지 재산을 보면, 소액금융재산 185만 원은 압류할 수 없다. 압류를 해도 무효이다. 문제는 이것이 개인 체납자는 적용이 되는데 법인은 해당되지 않는 것이다. 미치고 환장할 노릇이다. 입법미비이다. 사람 죽이는 일인 것이다. 사실 이런 기막힌 일 때문에 일자리위원회에서도 〈패자부활 오뚝이 프로젝트〉 미션을 만들어 3천억원의 예산을 두고 있는 것이다.

다시 본론으로 돌아가서, 이러한 입법미비로 인하여 장기체납자들이 줄줄이 지하경제로 숨어들어 제2, 제3의 명의대여로 살다 보면 체납자만 증폭하게 된다. 세금 낼 형편도 안 되는데 내 명의가 아니면 제대로 책임지겠다는 생각을 확고하게 지키기가 힘들다. 이런 현상을 반평생 보아왔다. 사업이 어려워지면 "나도 체납자, 너도 체납자! 어떻게 할 건가? 누가 책임지나? 케세라세라(Que Sera Sera), 뭐가 되든지 될 것이다!"가 되고 만다. 이것이 현실이다.

사업실패자를 지하경제로 몰아넣는 조세행정

그동안 늘 조세행정이 어려운 고비를 잘 넘어왔지만 이제 다시 새로운 국면을 맞이해야 하는 때가 왔다. 2020년 통산 153조의 결손금액을 세수기여할 수 있는 판을 짜야 하지 않겠는가? 체납자를 양산하여 지하경제만 키우는 우를 범하지 않았으면 좋겠다. 한 명의 신불자는 마치 코로나 1차 감염, 2차 감염, n차 감염처럼 계속 퍼져만 간다. 병이 한 가지면 약이 열 가지라는데, 법인 예금통장 잔액이 344원 있는 건에 대한 해답도 있지 않을까?

공무원이 실정법 테두리 안에서 처리하려고 한다면, 답은 없다. 15년 전 압류해제하지 않은 행정적인 책임만 있을 뿐이다. 그럼에도 불구하고 세법을 자세히 보면 그 속에 답이 있다. 여기서 구세주 같은 '적극행정 공무원'이 필요한 것이다. 국세기본법 통칙을 보면 '추심의 책임'이라는 것이 있다. 제때 추심하지 않아 불이익이 생기면 시효에 대한 불이익을 받은 체납자는 국가공무원을 상대로 손해배상청구를 할 수 있는 것이다.

필자는 이 통칙을 보고 흥분하여 소위 '공무원의 직무유기'(이 표현은 모 지방국세청장을 역임한 동기가 한 말이다)에 대한 소송을 시도하려고 하였다. 대한민국에 하나의 선례를 만들기 위하여. 그래서 대학원 동기 변호사에게 물어봤더니, 안 된다는 것이다. 이 친구는 회계사 생활도 5년 했고 부장검사로 퇴직하여 합리적인 답을 주리라 기대했는데 대답은 실망스러웠다. 재판부에서는 결코 납세자의 손을 들어주지 않는다고 했다. 늘 국가 편이라는 것이다. 그런데 최근 부장판사 후배에게 물었더니 희망적인 답을 들었다.

"꼭 판사가 국가 편만 들어준다는 건 아닙니다."

이 답을 듣는 순간 무척 기뻤다. 지성이면 감천인가?

내일 1억이 입금될지도 모르잖아요!

왜 공무원은 실익 없는 단돈 344원을 압류하고 방치를 한단 말인가? 체납공무원이면 당연히 추심하고 충당하여 압류해제를 하여야 하는데도 말이다. 물론 바쁜 공무원의 입장을 모르는 바가 아니다. 겨우 344원 추심하겠다고 은행에 공문 보내고, 조회하고, 추심하고, 충당하고, 결재되고……. 행정력 낭비다. 그래서 실익 없는 재산 압류는 늘 방치되는 것이다. 그러나 이것은 심각한 공무원의 직무유기 아닌가?

국세청 고위직과 실무자가 대화하면 어떤 일이 생길까? 곧장 딜레마에 빠진다. 실무자는 국고주의 입장이다.

"비록 1원밖에 없는 통장일지라도 내일 1억이 입금될지 어떻게 압니까?"

이런 논쟁은 모 지방국세청장을 한 동기와도 심각하게 대화를 나눈 것인데, 대부분 이 대목에서 막힌다.

'내일 1억이 입금되면 어떡하나?'

이 대목에서 체납자는 늘 타임머신을 타고 다녀야 한다. 그 옛날로 돌아가서 세무공무원에게 "344원을 추심하고 압류를 해제해달라"고 주장해야 한다. 압류해제를 하지 않으면 시효진행이 안 되기 때문에 당당하게 요구하여야 한다.

그러나 이런 정보를 알 수 없다는 것도 문제이지만, 감히 어느 체납자가 공무원에게 그런 이야기를 할 수 있단 말인가? 체납자 스스로가 죄인이라 생각하는데……. 이런 상황에서는 '국가깡패론'이 나올 수밖에 없다. 결국 국세기본법 제27조의 5년이라는 소멸시효는 현실에서는 전혀 의미가 없어진다. 한번 체납자는 그냥 평생 체납자인 것이다. 칼자루를 쥐고 있는 강자가 족쇄를 풀어주지 않으면 약자는 그냥 숨도 제대로 못 쉬고 살 수밖에 없다.

다시 이야기를 원점으로 돌려보자. 344원 압류되어 있는 법인 예금 잔액 문제를 어떻게 풀 것인가? 이 문제에 대한 답을 들여다보자.

첫째, 직권으로 그냥 압류해제한다.
둘째, 납세자보호담당관실을 통하여 고충신청을 한다.
셋째, 국민권익위원회에 고충신청한다.
넷째, 변호사를 통하여 채권추심을 소홀히 한 15년 동안의 담당 공무원과 세무서장, 국세청장을 상대로 소송한다.

그런데 첫 번째 방법은 감사에서 지적하지 않을 확률이 높기 때문에 담당자가 직권으로 해결해주면 된다. 그러나 '법대로 공무원'은 하지 않을 것이다. 두 번째, 담당 공무원이 직권으로 풀지 못하니 고충심의위원회를 통해서 해결하는 것이다. 문제는 심의위원들이 공무원보다 더 보수적인 사람이 많아 실제로 쉽지 않다는 점이다. 셋째, 그래도 국민들의 고충을 일반 행정기관보다 더 잘 이해하는 국민권익위원회를 통해서 해결하는 것이다. 그러나 국민권익위원회에서 유리한 결정이 나더라도 세무서는 인용하지 않을 수 있다는 사실. 네 번째, 변호사를 통하여 소송을 하면 비용이 많이 든다는 단점이 있다. 그래서 납세자권익연대와 같은 시민단체에서 다수의 민원인을 대신하여 소송한다면 좋은 선례가 되지 않을까 생각한다.

'우는 아이에게 젖 준다'는 속담처럼, 책임 있는 행정으로 발전하기 위해서는 계속 울고 싸워야 한다.

체납자를 떨게 하는
시효중단

국세징수권은 국가가 이를 행사할 수 있는 때로부터 5년간 행사하지 아니하면 소멸시효가 완성된다. 다만, 시효의 중단인 경우, 즉 납세의 고지·독촉·납부최고·교부청구 및 압류 등의 조치를 취한 경우에는 그때까지 진행되어온 시효기간은 효력을 잃는다. 이 경우에는 고지한 납부기간, 독촉·납부최고에 의한 기간, 교부청구 중의 기간 및 압류해제까지의 기간이 경과한 때로부터 새로이 5년이 경과해야 소멸시효가 완성된다.

그러면 여기서 소멸시효와 관련한 실무상 문제점을 짚고 넘어가보자. 일선 세무서에서 일어나는 사례 중 납세자의 억울한 케이스를 살펴보겠다. 세금을 결손(지금은 정리보류) 처분한 경우 소멸시효의 기산일에 대한 내용이다.

수색조서를 작성하면 소멸시효가 중단된다?

세무공무원은 체납자의 재산을 압류하기 위하여 국세징수법 제35조에 의하여 체납자의 가옥·선박·창고 또는 기타의 장소를 수색할 수 있다. 세무공무원이 수색을 하였으나 압류할 재산이 없는 때에는 '수색조서'를 작성하여 체납자 또는 참여자와 함께 서명·날인하고 그 등본을 체납자 또는 참여자에게 교부하여야 한다.

이 경우, 세무공무원이 체납자의 재산을 압류하기 위하여 수색을 하였으나 압류할 재산이 없어 압류할 수 없는 경우에도 그 수색을 착수했을 때에 시효중단의 효력이 발생한다. 다만, 그 수색이 제삼자의 주거 등에 대하여 행하여진 경우에는 수색한 취지를 수색조서의 등본 등에 의거 체납자에게 통지하여야 시효중단의 효력이 발생하게 된다.

즉 세무공무원이 체납자의 재산을 압류하기 위해 체납자의 주소지, 사업장 등을 수색한 결과 압류할 재산이 없어 수색조서를 작성 교부한 경우 시효중단의 효력이 있으며, 세무공무원은 무재산을 이유로 체납처분을 중지하고 결손처분을 하게 된다. 이 경우 수색조서 작성 교부일의 익일이 국세징수권의 소멸시효 기산일이다.

필자의 생각은, 이것은 참으로 잘못된 통칙이라고 본다. 본법 위임 한계를 벗어난 것이다. 본래 시효중단은 고지, 독촉, 최고, 교부청구, 압류의 경우밖에 없다. 수색조서 작성은 근거법령이 전혀 없다. 더욱이 무재산일지라도 수색하고 수색조서를 작성하면 중단이 된다? 이것은 헌법에서 보장하는 재산권에 대한 명백한 침해이자 재량권 일탈 및 남용이다. 5억 미만 국세 체납자에 대한 세무공무원의 숙제 기간이 5년이면, 5년 내 징수하고 끝내야 하는 것이 입법취지에 맞다고 생각한다.

이렇게 언급하면 납세자 입장에서만 보는 것이라고 누군가는 비판하려 할 것이다. 그래서 징수권자 입장에서도 언급하겠다. 5년만 버티는 재산은닉자는 당연히 추적하고 징수해야 한다. 국고주의 입장에서 보면 시효폐지를 해서라도 징수해야 한다. 특히 고령자의 양도소득세의 경우, 수십억 양도대금에 대한 자금사용처 관련 소명도 없이 몇 억씩 체납되었다가 5년 또는 10년이 지나서 시효완성으로 소멸되는 꼴은 용납해서는 안 된다. 이것은 분명히 문제가 있다.

법을 개정하는 것은 쉽지 않은 일이긴 하나 만약 개정한다면 5년, 10년으로 나눌 것이 아니라 검증시스템을 만들어 자금사용처 소명자는 즉각소멸 및 사업재개, 미소명한 탈루 및 은닉 혐의자는 시효폐지하도록 해야 할 것이다. 그다음 남은 과제는 징수를 포기하지 말고 분납하여 잘 받는 구도를 짜는 것이 국가도 살고 개인도 살 길이다.

압류내역이 무어냐고 물으신다면
세금 낼 거냐고 답하겠어요

경제학의 한 분야인 정보경제학에서 쓰는 용어 중에 '정보 비대칭'이란 말이 있다. 시장에서 이루어지는 거래에서 쌍방이 보유한 정보에 차이가 있는 현상을 말한다. 정보 비대칭이 존재하면 도덕적 해이와 역선택이 발생한다. 예컨대 '압류금지 재산'을 압류하고 그러한 사실을 숨기고는 "체납세금 납부할 거냐" 물어보면서 시효중단과 관련한 상담을 원천적으로 막으려는 것은 도덕적 해이다. 이것은 국세 공무원보다는 지방세 공무원이 아주 심하다. 결국 납세자의 역선택은 '명의대여'로, 계속 사업하면서 또 체납을 시키는 것이다.

정보 비대칭으로 인한 도덕적 해이는 보험시장과 중고차시장에서도 그 사례를 찾을 수 있다. 그러면 정보 비대칭을 극복할 수 있는 방법은 무엇인가? 2001년 노벨경제학상을 수상한 미국 경제학자 스펜스(Michael A. Spence)는 '신호(Signaling) 이론'을 제안하였다.

"당신의 체납세금은 10년이 지났지만 시효중단되는 압류는 보험입니다. 그러나 보험 해지환급금이 150만 원 이하이기 때문에 압류는 무효이고 시효는 완성되어 납부의무소멸이 되었습니다. 따라서 지금 사업자등록을 신청하셔도 문제가 없습니다."

이처럼 납세자에게 사업 재개하더라도 문제가 없음을 설명하고 체납세금이 소멸되었다는 신호를 보내도록 하는 공정한 절차를 만드는 것이다.

그리고 같은 해에 노벨경제학상을 함께 수상한 스티글리츠(Joseph E. Stiglitz)는 정보 열위자들이 정보 우위자들을 심사하여 정보 비대칭 상황을 완화할 수 있다는 '선별(Screening) 이론'을 주장하였다. 즉, 납세자가 세무공무원을 심사할 수 있는 제도를 만들면 정보의 비대칭을 줄일 수 있다는 것이다.

현행 조세행정은 전문가 집단, 즉 변호사, 회계사, 세무사, 교수 등 외부 심의위원을 두고 운영하고 있지만 납세자를 심사위원으로 하지는 않는다. 앞으로 달라질지는 두고 볼 일이다. 세무행정의 서비스를 받는 납세자가 서비스를 제공하는 조세행정기관을 심사한다면 정보 비대칭의 상황이 완화될 거라는 믿음으로 말하는 것이다.

납세자의 자기정보접근권 보장해야

또한 정보주체인 납세자 및 세무대리인이 자기정보 확인을 위하여 조회신청을 하면 즉시 '현황 및 처리내역'을 확인해줘서 '자기정보접근권'이 차단되지 않도록 법령 및 제도 정비와 더불어 세무공무원들의 적극적인 자세가 필요하다.

필자가 근무하던 시절에는 정보공개하라는 법원 판결문을 받고도 개인정보보호와 관련한 심의위원회 의결을 거치면서 거부한 사례도 있지만, 제삼자가 아닌 자기 정보에 대해서는 접근할 수 있는 길을 활짝 열어놓아야 한다고 본다. 세금을 비록 못 내는 사람일지라도 본인의 장기체납 세금 문제를 해결하려고 담당 공무원에게 문의하면 불친절하게 거부하여서는 안 된다.

"체납세금 낼 거예요?"라는 첫마디에 체납자는 본인 문제를 해결할 수 있는 정보에 접근조차 하지 못한다. "죄송합니다……." 죄인처럼 고개를 푹 숙이고 눈물짓고 돌아선다.

체납 담당 공무원의 또 다른 응대는 "관할 세무서 가시오"라는 말이다. 이게 국가공무원 입에서 나올 소리인가? 지자체 공무원도 아닌데 관할 세무서로 가라니. 국세청 전산망이 얼마나 잘되어 있는데 민원응대를 이렇게 한단 말인가. 역시 체납자에겐 인권조차 없다는 것을 실감한다. 요즘은 지자체 공무원들도 관할 지자체로 가라고 하지 않고 알려줄 것은 친절히 알려준다.

사실 세무서를 방문하여 자기정보를 문의하면 현재 남아 있는 체납금액만 알려주고 압류내역과 압류해제내역은 알려주지 않는다. 이건 아니지 않은가? 스스로 죄인이라고 생각하는 체납자가 사업 재기를 위해서 큰마음 먹고 갔는데 문전박대와 함께 한줄기 희망은 사라지고 다시 절망의 늪으로 빠지는 것이다.

　일반 민원인이 체납징세과를 방문하여 상담을 하게 되면 세무공무원은 앉으라는 자리 권유조차 하지 않는 일이 비일비재하다. 인간적으로 이것은 좀 지나치지 않은가? 이것이 대한민국 2021년에 일어나고 있는 세무서 풍경이다. 모든 세무공무원이 다 그렇진 않겠지만 체납징세과의 특성상 자주 일어나는 일이다. 이때만큼은 서비스공무원(국세청: National Tax Service(NTS))이란 정체성은 온데간데없고, 단순한 징수공무원이 되는 것이다.

　방문 민원인에게 해결방안까지 적극적으로 알려주는 행정공무원은 찾기 힘들다. 아무래도 징수권자 입장이기 때문이다. 그래서 제안하고 싶은 것이 재기지원 세무서를 별도로 만드는 것이다. 지방청별로 시범 세무서를 만들어 재기지원 업무만 하는 것도 좋지 않을까? 오직 장기체납자 축소 및 재기지원 업무만 하도록 하는 것이다. 잘만 하면 2020년까지 발생한 153조 정리보류 중 20~25% 징수 목표를 세워 달성할 수도 있지 않을까?

　필자의 경험상 비록 체납자일지라도 100% 소멸에 대한 생각보다는, 합법적이라면 일부라도 언제든지 납부하려는 기본 납세의식이 있다. 누구나 공짜를 좋아한다지만 국민으로서의 의무에 대한 납세순응 의식이 더 강하다. 이것은 필자가 현직에 있을 때부터 감지하고 있던 것이기도 하지만 박사학위 논문을 준비하면서 접한 수많은 임상사례에 의해서도 확인된 바이다.

세금 납부하면 알려드리지!

다시 처음 이야기로 돌아와서, 자기 정보를 알아보겠다고 접근하는 납세자에게는 비록 체납자라 할지라도 정보를 제공해줘야 하는 것이다. 이것이 자기정보접근권이다. 내 정보를 내가 알겠다는데 왜 알려주지 않는 것인가?

판례에도 '개인정보자기결정권'에 대한 내용이 있다. 개인정보자기결정권이란 자신에 관한 정보가 어떤 목적으로, 언제, 어느 범위까지 타인에게 전달되고 이용될 수 있는지를 해당 정보주체가 스스로 결정할 수 있는 권리로서, 자신의 개인정보 수집출처, 처리목적에 대해 고지받을 권리와 개인정보의 정정 및 삭제, 이의제기 등을 할 수 있는 권리를 포함한다. 개인정보자기결정권 중에는 정보주체가 정보보유자가 보유 중인 본인의 정보에 대한 현황 및 처리내역을 열람할 수 있도록 하는 자기정보접근권이 있다. 자기정보접근권을 보장하기 위하여 개인정보와 관련된 각종 법률에서 정보보유자에게 개인정보의 처리에 관한 사항을 정보주체에게 무조건적으로 통지하도록 하는 의무(무조건적 자기정보접근권)를 부여하고 있다.

그런데 사실상 대부분의 납세자들이 정보주체로서 자신의 개인정보에 대하여 세무공무원에게 정보를 얻지 못하고 있는 것이 현실이다. 비근한 예로 납세자 본인이 가까운 세무서를 방문하여 고지서 출력, 체납내역·압류내역·압류해제내역 조회 등의 민원을 제기하면 세무서는 분명 지자체가 아닌 국가기관임에도 불구하고 "관할 세무서에 가서 확인하라"고 하거나 "세금 납부한다면 알려주겠다"는 식으로 철저히 국고주의 입장의 태도로 업무처리를 하고 있어 납세자의 자기정보접근권이 철저히 차단되고 있다.

또한 500만 원 이상 체납자는 신용정보가 금융기관에 제공되는 바, 납세자의 일시적인 자금경색으로 한두 달 연체된 뒤 완납했을지라도 '국세행정 & 금융기관의 메커니즘'에 의하여 당초 체납된 신용정보가 금융기관에 그대로 남아 납세자에게 금리상, 신용상 불이익이 계속 따라다니게 된다.

이러한 '숨통 막히는 네거티브 시스템'에 대한 문제제기는 대부분 묵살된다. "처음부터 연체시키지 말고 제때 납부했으면 이런 일이 생기지 않잖아!" 하는 식이다. '세법 질서 미준수에 대한 책임'으로 덮어버리면 그만이다. 결국 이렇게 불리한 내용을 정보주체에게는 아무도 알려주는 사람이 없다는 게 문제이다. '무조건적 자기정보접근권'은 도대체 어디로 사라져버린 것인가?

개인정보자기결정권의 헌법상 근거로는 헌법 제17조의 '사생활의 비밀과 자유', 헌법 제10조의 '인간의 존엄과 가치 및 행복추구권'에 근거를 둔 일반적 인격권 또는 위 조문들과 동시에 우리 헌법의 자유민주적 기본질서 규정 또는 국민주권 원리와 민주주의 원리 등이 제시된다.

사무처리규정 따로 국세청 내부지침 따로

이 글은 필자가 2020년 5월 27일 〈이택스뉴스〉에 실은 기사 내용이다. 후배 세무대리인이 세무서에 고충신청을 하고 회의 날짜를 받았는데 하루 전날 고충민원처리 대상이 아니라는 통보를 받은 다소 황당한 사건이다. 지방청에 물어봐도 당연히 3천만 원 이상이더라도 고충민원 대상이니 일선 세무서에 잘 이야기하면 된다는데, 결국 돌이킬 수 없었다.

납세자의 사후 권리구제 제도인 고충민원제도가 관련 법에 따른 '사무처리규정'과 국세청 자체의 '내부지침'이 각각 달라 납세자가 제대로 권리구제를 받지 못할 뿐만 아니라 납세자의 불필요한 시간과 노력이 낭비된다. 이 시점에 반갑게도 감사원은 "국세청의 내부지침 내용 중 고충민원 신청대상과 관련한 사항은 제때 사무처리규정에 반영해 납세자에게 공개해야 한다"면서 이 같은 내용의 감사결과를 공개했다.

국세청은 영세 납세자를 위한 사후 권리구제 제도인 고충민원제도를 운영하면서 그 대상이 되는 사항 등을 규정한 '납세자보호 사무처리규정'을 제정해 공개하고 있다. 사무처리규정에 따르면 고충민원은 국세와 관련해 관할 세무서장의 처분이 완료된 사항으로서 위법·부당한 처분을 받았거나 필요한 처분을 받지 못해 납세자의 권리·이익을 침해 또는 불편을 준 사항을 대상으로 하고 있다. 동시에 심판청구나 심사청구, 행정소송 등을 진행 중이거나 결정이 된 사항 등에 대해서는 민원 대상에서 제외했다.

국세청은 이 같은 사무처리규정과는 별도로 고충민원으로 처리할 수 있는 사항과 할 수 없는 사항을 수시로 내부지침을 마련해 시행하고 있다. 다음은 사무처리규정과 내부지침을 비교(내부지침의 밑줄 친 부분이 사무처리규정에는 없는 신청대상과 관련된 내용이다)한 것이다.

사무처리규정	사무처리규정 내부지침
제14조(고충민원의 대상 제외) 제1항 1. 「국세기본법」 등에 따른 불복절차 진행 중 또는 결정이 완료된 사항 2. 「국세기본법」에 따른 과세전적부심사가 진행 중 또는 결정이 완료된 사항 3. 감사원장 등 감사 결과 시정지시에 따른 처분 및 처분할 사항 4. 탈세 제보, 세금계산서 미발행 등 고소·고발 5. 「조세범 처벌절차법」에 따른 통고처분·고발 6. 「국세기본법」 등에 따른 불복 및 과세전적부심사 청구기한 미경과 사항 7. 법률에 따른 소송 진행 중인 사항으로 사실관계를 확정할 수 없는 경우. 단, 1호와 2호의 경우 본안 심리를 거치지 않은 각하 결정 등은 고충민원 대상에 포함	1. 고충민원 업무처리 개선방안상 처리 제외 대상 (2011년 4월) ① 「국세기본법」상 불복청구 가능한 경우 ② 감사지적분 중 현지시정분 ③ 부과제척기간 경과(당초 처분 무효 제외) ④ 소송 진행 등으로 사실관계 확정 불가 사항 ⑤ 청구기한이 경과하지 않은 경정청구 2. 고액 고충민원 처리 관리방안상 처리 제외 대상 (2013년 12월) ① 청구세액 3천만 원 이상(법인, 개인) 고충민원은 원칙적으로 제외. 단, 명백하고 구체적인 증빙자료를 제시한 경우로서 법률·예규·판례 등으로 명확한 경우 처리 가능 ② 대규모 법인은 청구세액 무관하게 제외
제16조(고충민원의 신청기간) 제1항 국세부과제척기간 경과 30일 전까지 신청. 단, 제2항(당연무효 등)에 해당하는 경우 국세부과제척기간 경과 사항도 처리 가능	3. 고충민원 처리 개선방안상 처리 대상 (2015년 11월) ① 국세기본법상 불복청구(과세전적부심사 포함) 등을 경유한 고충민원은 원칙적으로 제외. 단, 불복과 고충의 주된 이유가 확연히 구분되고 정당한 근거·사유가 있는 경우 처리 가능
제18조(반복 및 중복 고충민원의 처리) 제1항 정당한 사유 없이 2회 이상 반복하여 신청한 경우 처리 제외	4. 고충민원 처리 개선방안상 처리 대상 (2018년 9월) ① 영세자영업자의 고충민원 청구세액 기준 폐지 ② 고액 고충민원도 원칙적으로 접수하여 처리

(자료: 감사대상기관 제출자료 재구성)

감사원은 사무처리규정상 처리 대상이나 내부지침에서는 제외 대상인 경우도 함께 지적했다. 감사원은 국세청에 대해 "내부지침에 따라 수시로 변경되는 고충민원 신청대상 등을 '납세자보호 사무처리규정'에 제때 반영하여 납세자에게 공개하는 방안을 마련하라"고 통보 조치하였다.

　　이래저래 '갑질하는 세무서'라는 나쁜 인식이 국민들 마음속에 깊이 뿌리내릴 수밖에 없는 일들이 끊이지 않아 세정을 아끼는 한 사람으로서 아쉬움이 크다.

당신의 체납세금은
안녕하십니까?

필자는 2000년도에 국세청 본청 근무 시 국무총리상을 수상하였다. 체납정리 성적이 우수해서 받은 상이다. 그 당시 필자는 체납세징수 업무에 관한 저서를 출간하자는 언론사 제의를 받았다. 그래서 나온 책이 《체납정리백과》이다. 그 당시는 징세과가 새로 만들어져서 체납정리 업무만 전담하던 때였다.

2000년도에는 국립세무대학 2기 나의 동기가 한국조세연구포럼을 출범시켰고, 창립 기념 세미나에서 필자는 '체납자의 사해행위의 유형'이란 내용으로 발제를 했다. 사해행위는 체납처분을 회피하는 행위와 관련된 내용이다. 당시 국립세무대학 동문들이 주축이 되어서 현직 국세공무원들과 개업한 세무사, 변호사들이 대거 참여한 자리였다.

훌륭한 명의는 아프기 전에 치료하여 병원에 가는 일이 없도록 한다. 화타조차도 "아픈 환자를 치료하는 자기의 수준은 낮은 것"이라고 하였다. 사실 필자도 낮은 수준이라는 걸 잘 안다. 진짜 실력가들은 세금 체납이 되기 전에 해결한다. 사전에 미리 절세전략을 잘 짜서 체납이 되지 않도록 하는 것이다.

부족하지만 필자는 본청에서도 징세 예규를 담당하였다. 징수 업무에 관한 국세청 최종 유권해석을 하는 업무이다. 이런 인연으로 고려대학교 정책대학원에서도 석사논문을 쓰게 됐다. 〈국세체납처분행정의 문제점 및 개선방안〉. 관성의 법칙인지 박사논문도 또한 체납과 관련한 논문이 나왔다. 〈납세신뢰도가 납세순응에 미치는 영향: 납세의식과 징수행정만족도의 매개효과〉이다. 어느 분야든 파고들면 파고들수록 부족함을 참 많이 느낀다. 특히 체납세금과 관련해서는 연구해야 할 분야가 너무 많다.

체납 중에서도 압류와 관련된 내용도 정리해야 할 것들이 많다. 특히, 재산 종류별로 압류에 대한 사후관리가 매우 중요하다. 왜냐하면 '평생체납자가 되는 구도'는 재산 종류에 따라 좌지우지되는 것이 많기 때문이다. 본청 징세과장을 한 후배는 압류 중에서도 보험 압류가 풀기가 어렵고, 그보다도 자동차 압류 푸는 것이 훨씬 더 어렵다는 뼈 있는 이야기를 했다. 맞는 말이다. 후배는 이미 상당한 경지에 올라와 있었던 것이다.

시효는 5년이지만 평생체납자가 되는 압류 사례를 잘 알아야만 해답을 찾을 수가 있다. 절대 풀지 못하는 압류의 사례는 어떤 것들이 있는지 살펴보자.

평생체납자 만드는 압류 사례

[185만 원 미만 예금 압류]

첫째, 예금 압류의 경우이다. 이것은 두 가지 케이스로 나눠 볼 수 있다. 먼저 개인별 잔액이 185만 원 미만인 예금(적금, 부금, 예탁금과 우편대체를 포함한다)을 압류하고 추심하지 않고 방치하는 것이다. 그나마 이런 경우는 발견 즉시 세무공무원에게 압류무효 주장하면 받아들여지니 해결하기 쉬운 사례이다. 다만, 세무공무원 머릿속에는 "비록 오늘 통장에는 압류금지금액만 있지만, 내일 1억이 들어올지도 모른다"는 생각이 있어 적극적으로 압류해제할 생각은 없을 것이다. 물론 이것은 구시대적인 사고를 하는 일부 공무원의 경우이다.

[185만 원 초과 예금 압류]

둘째, 개인별 잔액이 185만 원 초과하는 예금(적금, 부금, 예탁금과 우편대체를 포함한다)을 압류한 경우이다. 이런 케이스가 가장 난제 중의 난제이다. 전형적인 조세신불자의 재기를 방해하는 대표적인 사례이다. 소위 '압류 후 방치'의 문제! 이런 경우는 안타깝지만 세무공무원에게 '제발 추심해서 세금충당하고 압류 해제해달라'고 애원해야 한다. 그렇게 애원해서 처리됐다고 하더라도 또 5년이 경과되어야 한다.

[150만 원 이하 보험 압류]

셋째, 보험 압류의 경우이다. 보장성보험의 해약환급금 중 150만 원 이하의 금액, 보장성보험의 만기환급금 중 150만 원 이하의 금액인 경우는 압류금지이므로 발견 즉시 세무공무원에게 압류무효 주장하여 처리하면 된다.

[150만 원 초과 보험 압류]

넷째, 보험 압류의 경우로서 보장성보험의 해약환급금 중 150만 원 초과 금액, 보장성보험의 만기환급금 중 150만 원 초과 금액으로서 압류 후 방치하고 있는 사례이다. 이것도 두 번째 유형처럼 전형적인 조세신불자의 재기를 방해하는 대표적인 사례이다. 이 또한 안타깝지만 세무공무원에게 '제발 추심해서 세금충당하고 압류 해제해달라'고 애원하자. 그렇게 해서 처리됐다고 하더라도 또 5년의 세월이 흘러가야 한다.

[자동차 압류]

다섯째, 자동차 압류이다. 참 풀기 어려운 난제 중의 난제이다. 대한민국에 대포 차량이 만연하여 환경오염의 주범이 되기도 하는데, 체납자에 있어서는 가장 풀기 어려운 케이스이다. 장기체납자 내지 평생체납자가 되는 전형적인 사례이다. 그나마 차령초과로 11년이 지나면 압류해제가 가능하다. 그리고 또 5년이 가야 한다.

국세징수법에는 수의계약이 있는데, 일선 세무서에서는 수의계약을 안 한 지가 꽤 오래됐다. 20년 사이에 거의 본 적이 없다. 요즘은 캠코를 통해서 공매의뢰하기 때문에 더더욱 세무공무원들이 업무경

험할 기회조차 없어지고 있다. 그러나 아직 징수법에는 압류한 재산의 추산가격이 1천만 원 미만인 경우는 수의계약을 할 수 있도록 되어 있다. 국세징수법 제67조(수의계약)를 보면, 관할 세무서장은 압류재산이 다음 각 호의 어느 하나에 해당하는 경우 수의계약으로 매각할 수 있다.

① 수의계약으로 매각하지 아니하면 매각대금이 강제징수비 금액 이하가 될 것으로 예상되는 경우

② 부패·변질 또는 감량되기 쉬운 재산으로서 속히 매각하지 아니하면 그 재산가액이 줄어들 우려가 있는 경우

③ 압류한 재산의 추산가격이 1천만 원 미만인 경우

④ 법령으로 소지(所持) 또는 매매가 금지 및 제한된 재산인 경우

⑤ 제1회 공매 후 1년간 5회 이상 공매하여도 매각되지 아니한 경우

⑥ 공매가 공익(公益)을 위하여 적절하지 아니한 경우

이렇게 분명히 나와 있다. 그런데 일선 세무서에서는 자체 공매를 하지 않고 있다.

몇 년 전에 캠코를 방문하여 팀장을 비롯한 몇 분들과 대화하던 중 들은 정보가 있다. 서울시에서 캠코에 연 1,400대의 자동차 공매의뢰를 하였는데 그중 절반인 700대를 반려시켰다는 것이다. 그 이유는 자동차 평가금액이 체납처분비 30만 원에도 미치지 못하기 때문이라는 것이다. 필자는 이 대목에서 번뜩 떠오르는 문제의식이 있었다. 이

렇게 공매조차 되지 않는 체납자는 결국 압류해제할 기회조차 상실하여 장기체납자가 될 수밖에 없다는 사실이다. 체납자의 재산에도 부익부빈익빈이 존재하는 것인가 생각하니 씁쓸하였다.

[법인재산 압류]

여섯째, 법인에 대한 제2차 납세의무자의 법인재산 압류이다. 법인이 폐업이 되었다고 하더라도 법인통장에 단돈 100원이라도 압류되어 있으면, 이것은 답이 없다. 입법미비이다. 법인의 체납을 풀지 못하면 제2차 납세의무자인 개인은 평생체납자가 된다.

법인재산 압류의 경우에도 소액금융재산 압류금지법을 적용할 수 있도록 하거나, 아니면 '압류 후 방치'에 대해서 매년 관리감독하여야 할 것이다. 이런 업무처리의 사각지대에 대해서도 적극행정 공무원들이 나서서 '신불자 재기 지원'의 고삐를 당겨야 할 것이다.

[실익 없는 부동산 압류]

일곱째, 실익 없는 부동산 압류이다. 2017년 11월 15일 자 국세청 보도자료에 나온 내용을 보겠다. 체납자의 권익을 위하여 캠코에서 공매중지되어 있던 부동산 중 100만 원 미만의 부동산은 모두 압류 해제해준다는 것이다. 그러니까 재산 추산가액이 100만 원 미만인 공매 실익 없는 부동산(도로, 하천, 맹지, 상속지분, 자투리땅, 하늘아래땅, 모서리땅, 골목길땅, 철길옆땅, 고속도로옆땅 등)의 압류를 해제하여 소멸시효 진행을 통한 영세체납자의 재기 지원을 한다는 취지이다.

이 같은 경우 재산 추산가액이 100만 원이 넘는 경우는 또 답이 없다. 수의계약을 해서라도 체납처분 절차를 이행해야 하는데 말이다. 그렇게 하기 위한 대안이 있다. 국세징수사무처리규정 제103조(납기별 완결책임) 규정을 수정하는 것이다.

"체납액은 발생하는 달로부터 6월 이내에 정리하는 것을 원칙으로 한다."

그래서 압류, 공매, 압류해제 등 일련의 체납처분 절차를 6월 내에 다 하지 못하면 압류해제하는 것을 원칙으로 하고 시효기산일로 입력하는 것이다. 여기서 적극행정 공무원의 역할이 기대된다.

물론 정말 어렵게 꼬인 풀 수 없는 것들도 있겠지만 그런 것은 예외사항으로 하고 일반적인 것들에 대한 기준을 명확히 세워 '압류 후 방치'하여 평생체납자 족쇄를 채우는 일은 없어야겠다.

[비상장주식 압류]

여덟째, 비상장주식 압류이다. 이미 폐업은 되었는데 비상장주식은 압류되어 있는 경우이다. 세무공무원이 일일이 확인하기 어렵다는 점은 충분히 안다. 시스템 개발을 제대로 해야겠다. 실익 없는 재산 압류로 더 이상 국가에 도움 되지 않는 행정은 그만두어야겠다. 지하경제에서 울거나 웃는 사람들이 만연해서야 되겠는가?

[동산 압류]

아홉째, 동산 압류이다. 주로 지방세 공무원들이 많이 활용하는 방법이다. 국세청은 고액체납자인 경우에만 가끔 체납처분하러 사업장 또는 자택을 방문한다. 20년 전, 필자가 현직 시절에 저술한 《체납정리백과》 책에는 '압류봉표', 소위 '압류딱지'라는 무기를 잘 활용하면 체납세금 징수에 도움이 된다고 썼다. 이 압류봉표 용지를 보면 이렇게 기재되어 있다.

"이 봉표를 훼손하면 형법 제140조에 의한 형사 처벌을 받게 됩니다."

형법 제140조(공무상비밀표시무효)를 보면 다음과 같다.

① 공무원이 그 직무에 관하여 실시한 봉인 또는 압류 기타 강제처분의 표시를 손상 또는 은닉하거나 기타 방법으로 그 효용을 해한 자는 5년 이하의 징역 또는 700만 원 이하의 벌금에 처한다. <개정 1995. 12. 29.>

② 공무원이 그 직무에 관하여 봉함 기타 비밀장치한 문서 또는 도화를 개봉한 자도 제1항의 형과 같다. <개정 1995. 12. 29.>

③ 공무원이 그 직무에 관하여 봉함 기타 비밀장치한 문서, 도화 또는 전자기록 등 특수매체기록을 기술적 수단을 이용하여 그 내용을 알아낸 자도 제1항의 형과 같다. <신설 1995. 12. 29.>

압류봉표를 이용하는 이 방법은 그야말로 평생체납자 만들기 딱 좋은 수단이다. 국세기본법 제27조 '국세징수권의 소멸시효 5억 미만 체납자는 5년, 5억 이상 체납자는 10년'을 무색하게 만드는 체납처분이다.

[매출채권, 공탁금 압류]

열째, 매출채권, 공탁금 등에 대한 압류 및 압류해제가 반복이 되면서 시효중단이 되어 있는 경우이다. 많은 경우는 수십 건이 압류된 것도 있다. 또한, 타 채권자와의 우선권 경합으로 세무서 단독으로 체납처분할 수 없는 경우이다.

이런 경우 실정법으로 답이 없다면 '압류 후 10년 지난 경우'는 한시법으로 또는 대통령특별명령으로 3천만 원 이하는 탕감하고, 3천만 원에서 1억 이하 체납자는 25% 납부 시 전액 소멸시키는 방법도 있을 것이다. 물론 사해행위 및 조세범의 경우는 제외이다.

내년 2022년이면 대통령 선거가 치러지고 국세청도 어언 56세가 된다. 한시법으로 1년 동안은 활용해보는 것도 좋으리라 생각한다. 10년이 지나면 강산도 바뀐다는데 신불자의 삶도 달라져야 하지 않겠나?

이러한 일들은 지방 국세청별로 재기지원 세무서를 만들어 별도로 처리해야만 가시적인 성과가 나오리라. 이름하여 '주빌리 세무서' 같은 것이다. 본래 '주빌리'라는 이름은 기독교 전통행사로서 50년마다 오는 희년(禧年)이다. 이제 국세청이 55주년을 맞이하였으니 한 번쯤은 교통정리를 해야 하지 않을까 생각한다.

내가 모르는 압류재산이
평생체납자 만든다

세금이 체납되어 압류가 되지 않으면 5년이 지나면 자동 소멸된다. 대부분의 사람들은 본인의 재산이 없어 압류된 것이 없다고들 하는데 실상은 그렇지 않은 경우가 많다. 세무서에 가서 확인해보면 휴면예금, 실효된 보험, 대포 자동차, 공탁금, 폐업된 거래처의 매출채권, 폐업한 회사의 비상장주식, 실익 없는 하천·맹지·도로·자투리땅·상속지분·하늘아래땅·골목길땅·모서리땅 등 예상하지도 못한 실익 없는 재산들이 압류되어 있다.

세무공무원 입장에서는 전혀 징수실적에 도움이 되지 않기 때문에 힘들여서 추심하거나 공매하는 체납처분의 필요성을 전혀 느끼지 못한다. 체납자 입장에서 보면 세무행정의 사각지대이다. 압류만 하고 방치하고 있어서 평생체납자가 되는 구도이다.

그 누구도 이런 문제를 제대로 얘기하는 사람이 없다. 감사원, 국민권익위원회 등에서는 이런 체납자의 애로사항을 받아들이고 개선하려고 하나, '스스로 죄인의식에 젖은 체납자'들은 자기 목소리를 못내고 있는 실정이다.

잊고 있던 실효보험이 족쇄가 된다

시효와 관련된 문제는 압류된 재산에 따라 처리결과가 많이 다르다. 그중에서 좀 어려운 보험 압류에 대하여 살펴보겠다.

일반적인 경우를 보면 보험 압류를 했을 때 체납자는 보험납입료를 내지 않게 된다. 보험납입료를 2월간 내지 않으면 실효가 되고, 실효된 뒤 3년이 지나면 보험금 청구권과 보험납입료 반환 청구권은 소멸한다. 세무공무원 입장에서 보면 압류의 효력은? 그리고 그 시효는 언제까지 완성되어 납부의무소멸이 되는가?

이러한 압류 보험에 대해서 당사자인 체납자가 알지도 못하고, 알아도 도움 요청을 하지 못하니 계속 방치되고 있다는 점이 문제다. 통상 압류권자인 과세관청에서 즉각 추심을 해야 하나 방치하고 있고, 설령 방치하지 않고 보험회사에 추심을 요구하더라도 보험회사가 불응하는 경우가 많다. 그렇다면 불응하는 보험회사를 상대로 적극적으로 체납처분을 해야 하나, 보험회사가 제대로 순응하지 않아 대부분 제대로 추심이 이루어지지 않는다. 실익 없는 소액재산이기 때문에 징수공무원 입장에서 두 번 세 번 재차 요구하지 않기 때문이다. 그리고 국세청에서는 보험계약 사실이 있는 것은 알지만 해약환급금이 얼마인지 알 수 없다. 그렇다고 일일이 보험회사에 조회할 여력이 안 된다. 우는 아이에게 젖을 준다고, 체납자가 서류를 떼서 담당 공무원에게 어필해야만 업무가 진행되는 것이다.

만에 하나 '보험해지환급금 증명서'를 떼보니 압류금지 재산이라면 압류무효이므로 즉각 압류해제 조치를 요구하면 된다. 참고로 국세징수법 제41조(압류금지 재산)를 보면 "체납자의 생계유지에 필요한 소액 금융재산은 압류할 수 없다"라고 되어 있다. 또 국세징수법 시행령 제31조(압류금지 재산)에는 이렇게 나와 있다.

① 법 제41조 제18호에서 "대통령으로 정하는 것"이란 다음 각 호의 구분에 따른 보장성보험의 보험금, 해약환급금 및 만기환급금과 개인별 잔액이 185만원 미만인 예금(적금, 부금, 예탁금과 우편대체를 포함한다)을 말한다.

1. 사망보험금 중 1천만 원 이하의 보험금
2. 상해·질병·사고 등을 원인으로 체납자가 지급받는 보장성보험의 보험금 중 다음 각 목에 해당하는 보험금
   가. 진료비, 치료비, 수술비, 입원비, 약제비 등 치료 및 장애 회복을 위하여 실제 지출되는 비용을 보장하기 위한 보험금
   나. 치료 및 장애 회복을 위한 보험금 중 가목에 해당하는 보험금을 제외한 보험금의 2분의 1에 해당하는 금액
3. 보장성보험의 해약환급금 중 150만원 이하의 금액

4. 보장성보험의 만기환급금 중 150만원 이하의 금액

필자가 아는 보험회사 임원의 말에 의하면 대한민국에서 보험 가입한 건수가 5천만 건을 상회한다고 하는데, 문제는 압류 보험에 대하여 뒤처리를 하는 세무공무원도 없고, 보험회사 직원도 없다는 것이다. 다들 가만히 있으니 애꿎은 보험계약자만 평생체납자가 되는 구도인데, 보험회사 입장에서는 보험납입료가 회사 자산으로 남아 있으니 굳이 적극적으로 애써서 세무서에 주려고 하지 않는다.

2020년 1월 13일 〈서울경제신문〉에 '잠자는 보험금 10.7조 찾아가세요'라는 기사가 있어 살펴보겠다.

〈2018년 12월~2019년 11월 말 중, 숨은 보험금 찾아주기 실적〉 (단위: 억원)

	중도보험금	만기보험금	휴면보험금	합계
생명보험회사	20,083	5,597	1,018	26,698
손해보험회사	153	805	611	1,569
합계	20,236	6,402	1,629	28,267

금융위원회와 생명보험·손해보험협회는 "2019년 11월 말 현재 보험사로부터 받을 수 있지만 지급받지 않은 숨은 보험금은 10조 7,000억 원에 달한다"고 하였다. 구체적으로, 지급사유가 발생했지만 지급받지 않고 보험계약의 만기도 남아 있는 중도보험금이 7조 8,600억 원으로 가장 많았다. 보험계약 만기가 지났지만 소멸시효 전인 만기

보험금이 1조 7,800억 원, 소멸시효가 지난 휴면보험금이 1조 1,000억 원이다.

필자의 관심은 이러한 보험 중 압류된 채로 방치되는 것들의 업무 뒤처리가 어떻게 되는지에 대한 것이다. 이에 대한 통계수치를 확인하는 것도 의미가 클 것이다. 압류된 보험은 체납자에겐 족쇄가 되겠지만, 움직이지 않는 세무공무원의 태도는 보험회사만 배부르게 할 것이다.

국고환수해야 할 압류 보험 채권. 코로나 시대에 늘 세수 걱정이 많은 조세행정기관은 이에 대한 국고환수 대책을 세워야 하지 않겠는가? 보험회사 임원으로부터 들은 의미 있는 이야기가 있다.

"세무공무원이 좀 더 적극적으로 두세 번만 더 어필했다면 보험 해지환급금을 받을 수 있었을 텐데……."

이게 무슨 말인가?

고래 싸움에 새우 등 터지는 체납자

이에 대한 배경설명을 하자면, 세무서에서 공문을 보내어 해지환급금을 세무서 계좌로 보내달라고 요청하면 보험회사는 내부적으로 결재 내기가 어렵다고 난색을 표한다고 한다. 보험회사 내부방침이 있는 것인지는 모르지만, 과정이 어렵다 보니 그렇게 호락호락 쉽게 해지환급금을 내주지 못한다는 것이다.

현재 대한민국의 보험회사는 약 30여 개 정도이고, 수년간 판매한 상품이 약 3천여 개이다. 구체적인 실상은 너무 복잡해서 필자도 옮기기가 힘들 정도다. 한국의 가구당 보험 가입률은 거의 100%이고, 보험료는 국내총생산 대비 11.42%를 상회하고 있으며, 전체 보유계약은 5천만 건을 상회한다.

체납자의 압류처분도 매년 늘어나고 있으나 후속작업이 거의 없는 실정이기 때문에 이에 대한 체계적이고 대대적인 정리작업이 필요하다. 판례, 법률 등의 변동에도 불구하고 표준 업무처리 기준이 없어 일선 보험회사에서 혼동이 계속되고 있다. '체납자의 보험이 실효가 되고 시효만기가 되어 채권이 소멸되었는데 어떻게 세무서에 해지환급금을 줄 수 있느냐'고 한다. 국세청과 보험회사 간의 채권 문제는 제대로 정리하지 않으면 결국 납세자에게만 불이익이 따라간다.

보험회사에 평생 몸담고 나오신 분이 이렇게 토로했다.

"시간이 경과할수록 세수가 일실되어 국가 조세수입이 누락되고 있다. 그리고 개인 입장에서도 장기체납자가 되어 경제활동 복귀가 늦어진다."

세무당국은 이러한 일에 대한 심각한 문제의식을 가져 '세수 증대'와 '신불자 축소'라는 두 마리 토끼를 잡아야 할 것이다.

10년, 20년, 30년 장기체납자 문제 어떻게 해결할까?

2017년 봄, 세무방송 명의로 공문을 보냈다. '도로, 하천 등 실익 없는 부동산 압류로 인한 공매중지 체납자 인원수'를 알고자 함이었다. 그동안 국세청 등 관계 기관에서는 일체 통계자료를 구할 수 없었으나 다행히 캠코로부터 회신을 받아 무척 기뻤다. 2017년 8월 현재 한국자산관리공사(캠코)에서 통보된 '공매중지된 체납자 인원 숫자'는 13만 4,824명이었다. 4인 가족으로 계산하면 50여 만 명이다.

이 통계수치의 중요성은 무엇일까?

이들이 평생체납자가 되는 사람들이라는 것이다. 압류가 되어 있는 상태에서 공매가 진행되지 않으니 그대로 평생체납자가 된다. 이러한 문제점을 필자가 칼럼에 쓰기도 하고 본청에도 어필한 결과, 유의미한 지침이 나왔다.

2017년 11월 15일 국세청 보도자료에 의하면, 체납자의 권익보호를 위하여 실익 없는 부동산(도로 등) 중에서 재산 추산가액이 100만 원 미만인 경우는 압류를 해제하여 소멸시효 진행을 통한 영세체납자의 재기 지원을 한다고 발표하였다.

국세청에서도 문제의 심각성을 알고 공식적으로 해결방안을 제시한 것은 매우 고무적인 일이다. 물론 아쉬운 점은 있다. 좀 더 확실히 하려면 100만 원 이상 되는 공매중지 건도 근본적인 해결방안을 내놓았어야 했다. 그러나 이 정도 해준 것만으로도 다행이고 고마운 것이다.

재도전·재창업 세무서를 만들자

사실 1천만 원 미만 압류재산은 국세징수법에 있는 대로 수의계약 등 적극적인 방법으로 처리한다면 굳이 이러한 지침은 없어도 된다. 문제는 일선 세무서에서 수의계약이나 공매를 하지 않고 캠코에 모두 넘기는 세무행정 시스템이다. 공무원 집단의 속성 때문인지 콕 짚어 지시하지 않으면 잘 움직이지 않는 것이 늘 문제이다. 조직과 업무 분장이 제대로 되지 않으면 서로 책임지는 일을 피하려고 하는 것이 관료조직의 폐해이다. 필자는 이런 경험을 통하여 소액 장기체납자의 재도전 및 일자리 창출을 위한 숙제는 참으로 멀고도 힘든 여정이라는 생각을 하게 되었다.

소멸시효 관리는 징수기관인 일선 세무서에서 처리하는 것이 분위기상 불편할 수 있다. 왜냐하면 징수공무원은 '시효완성으로 인한 납부의무소멸'을 시키는 것과는 이율배반적인 일을 하고 마인드도 그러하기 때문이다. 한마디로 유쾌하지 않은 것이다. 현금징수 실적 올리기도 바쁜데 체납세금을 소멸한다? 정신적으로 유쾌하지 않을 것이다. 그러다 보니 민원인들에게도 따뜻한 세정을 느끼게 하기도 힘든 것이다. 그러면 세무행정은 어떻게 달라져야 하나?

필자의 짧은 생각으로는 지방청별로 별도의 '재도전·재창업 세무서', '일자리 창출 세무서', '주빌리 세무서'를 만들어 재기지원 업무만 전담할 것을 제안한다. 장기 소액체납자부터 적극적으로 처리하여 즉시 일자리 창출을 할 수 있도록 힘을 써야 할 것이다.

2021년 현재 채무자 구제와 관련해서는 조세 쪽보다 금융 분야가 훨씬 앞서가고 있다. 개인회생법원도 있어서 적극적으로 금융채무자 구제정책을 시행하고 있는데 조세행정은 채무자 구제는 뒷전이다.

조세채무자가 금융채무자보다 나쁜가?

30년 이상 조세 전문가로 활동한 필자의 동기들이 모여서 대화를 하다가 이런 이야기가 나왔다.

"금융채무자와 조세채무자 중 누가 더 나쁜가?"

다소 부정적인 시각에서 던진 질문이기는 하나 이에 대한 답은 각자의 입장이 다르고 생각이 다르기 때문에 한결같진 않을 것이다. 그러나 조세 전문가들의 의견은 이러하다.

"금융채무자는 남의 돈을 빌려 쓰고 갚지 않은 사람들인 데 비해서 조세채무자는 국가나 금융기관 등 남의 돈을 자기 호주머니에 넣은 사람이 아니다. 다만, 반대급부 없이 징수하는 세법에 의해서 '얼마 벌었으니 얼마를 내어라'라는 납세의무 이행을 다하지 못한 죄이니 금융채무자보다는 덜 나쁜 것 아니겠는가."

물론 여기에 동의하지 않는 사람이 절대적으로 많다는 것을 잘 안다. 왜냐하면 세금이란 것은 나라 살림살이의 근간이기 때문이다. 그럼에도 불구하고 필자가 욕을 먹을 각오를 하고 이런 글을 쓰는 이유는 금융채무자 구제의 10분의 1의 힘만 기울여도 조세행정에는 큰 변화가 있으리라 보기 때문이다.

그럼에도 불구하고 왜 지금의 현실은 달라지지 않을까? 조세채무자 구제는 아무도 입도 벙긋하지 못하고 왜 금융채무자 구제만 활성화되어 있는 것인가?

필자는 동기들과 이에 대한 토론을 하였다. 그 답은 '모럴 해저드'이다. 납세의무는 신성한 국민의 의무이고 조세는 나라살림의 근간이기 때문에 금융채무자와는 차원이 다르다는 것이다.

그렇다. 맞는 말이다. 그래서 필자가 내린 결론은 '세무공무원은 법대로 제대로 해야 한다'는 것이다.

법대로 5년 안에 숙제를 끝내자

5억 미만의 체납세금은 세무공무원의 숙제 기간이 5년이기 때문에 5년 내에 숙제를 마치라는 것이다. 이것은 국세기본법 제27조 국세징수권의 소멸시효에 따르는 것이다. 그리고 세법행정의 근간을 흔드는 재산은닉, 조세포탈, 명의대여 등 악의적인 체납자는 시효를 완전 폐기하여 평생 징수하도록 하여야 한다.

나아가 '정직한 실패자'는 5년까지 기다릴 것이 아니라 5개월 이내라도 소멸시켜 재기할 수 있도록 법 개정을 해야 한다. 지금 코로나 때문에 자영업자들이 다 죽게 생겼는데 5년까지 버티라고 하면 '모자 바꿔 쓰기', 즉 명의대여가 판칠 것은 불 보듯 뻔한 일이 아닌가? 지하경제만 키우는 이런 어리석은 행정은 즉각 결단을 내려 개선되도록 해야 할 것이다.

다시 처음 이야기로 돌아와서, 캠코 공매중지 체납자 13만 4,824명에 대해서는 특단의 조치를 해야 한다. 물론 이 수치 속에는 실익 없는 부동산 압류로 인한 공매중지가 아니라 현금징수에 따른 것인 경우도 있다. 필자의 주장은 이런 수치에 대한 정확한 근거와 통계자료를 활용하여 평생체납자 구조를 타파하자는 취지이다. 시효중단되는 다양한 사례들이 얼마나 많은가? 실태조사팀을 꾸려서라도 팩트 체크를 해야 한다.

국세청 55년이 된 이 시점에 10년, 20년, 30년 지난 장기체납자에 대한 문제의식을 가져야 한다. 고지서 받고도 세금 안 낸 정리보류 세금이 5년 내 39조라는 보도자료가 나왔고, 20년 정리보류 세금은 153조가 된다. 금액도 금액이지만 더욱더 중요한 것은 납세신뢰도와 납세순응의 문제이다. 정리보류된 체납세금은 나쁜 학습효과를 유발한다. 모두들 세금 안 내고 지하경제로 숨어버리면 나라살림이 어떻게 되겠는가?

가랑비에 옷 젖듯이 연 8조 내외의 정리보류 세금은 20년 통산하니 153조가 되었다. 개미가 공룡이 되어버렸다. 돈으로 살 수 없는 가치인 국민들의 납세의식과 징수행정만족도가 떨어지고 있다.

결론은 금융채무자를 구제하는 개인회생법원, 신용회복위원회, 주빌리은행처럼 조세채무자도 구제하는 별도의 기관을 만들어야 한다는 것이다. 그래서 피폐한 지하경제의 삶을 청산시켜 일자리 창출로 나아갈 수 있도록 하면 좋겠다는 소견이다.

PART

4

체납자에게
평생 족쇄를 채운들
국가에 도움이 될까?

'이렇게까지 될 줄은 몰랐어요'
평생체납자 사례

벤처창업가, 기업사냥꾼에게 당하다

A씨는 명문대학에서 공학을 전공하고 국내 최고의 회사에서 근무하다가 독립하여 벤처회사를 창업하였다. 엡손 등 세계 최고 회사에 특수코팅 기술을 수출할 정도로 기술력이 우수한 회사로 키운 후 재무 전문가를 영입하여 코스닥 상장을 준비하였다.

최고의 기술자였으나 경영 노하우는 없었던 그는 외부투자자에게 휘둘리면서 회사를 고스란히 뺏기고 말았다. 상장 과정에서 기술평가를 통하여 고액의 스톡옵션을 받았으나 보호예수에 묶여 있었고, 보호예수 기간이 지나기도 전에 회사에서 쫓겨난 그는 빼앗긴 회사가 국세청의 세무조사를 받으면서 만져보지도 못한 스톡옵션에 대한 종합소득세 약 4억 원을 체납하게 되었다. 최초 체납은 2억 원이었으나 빼앗긴 회사를 되찾느라 몇 년을 허비하고 정신을 차려보니 체납세액은 2배가 되어 4억 원의 세금을 체납한 신세가 되어 있었다.

자진신고 납부를 근간으로 하는 우리나라 과세체계에서 매년 자신의 세금을 계산하여 납부하던 납세자가 이처럼 세무조사를 받게 되면 계획에 없던 세금을 감당할 수 없이 크게 부과받게 되고 결국 체납자 신세로 전락할 수밖에 없다. A씨처럼 퇴사했거나 쫓겨나서 대응할 형편이 안 되는 상황에서 세금을 부과받게 되면 회사를 뺏긴 억울함이 국가로 향하는 경우가 많고, 자괴감 등 이루 말할 수 없는 고통에 빠지게 된다.

한 번의 사업실패가 평생의 족쇄로

경기도 광주시의 한적한 마을에서 소규모 공장 노동자들을 상대로 백반집을 운영하는 J씨는 20년 전까지만 해도 잘나가는 슈퍼 사장님이었다. 매장 규모도 200평이 넘고, 직원도 십수 명이었다. 사업이 안정되고 자신감이 충만했던 J씨는 평소 부러워했던 주류도매상을 해보고자 부인 명의로 되어 있는 분당 택지개발지구 내 알짜배기 땅을 담보로 대출을 받아 주류도매상을 개업하였다.

그러나 소매업자였던 그가 어음과 외상거래가 대부분인 주류도매상을 운영하기에는 역부족이었고, 쌓여가는 미수금과 시도 때도 없이 돌아오는 외상대를 돌려 막다가 결국 부도를 내기에 이르렀다. 채권자들의 공갈협박과 압박감을 견디지 못하고 부인 명의의 땅을 급매로 팔아서 빚잔치를 하고도 빚이 남아 백반집을 운영하면서 겨우겨우 갚아나가고 있었다.

빚잔치로 없어져 버린 땅에 양도소득세 4억 원이 부과되어 부인이 체납자가 되어 있는 사실을 수년이 지나서야 알게 되었지만, 갚지 못한 빚과 이혼한 자녀의 손자녀 부양으로 가산세 포함하여 8억 원이 되어버린 세금을 납부할 꿈도 못 꾸었다. 창창하던 40대에 실패한 사업의 족쇄는 칠순을 바라보는 J씨와 부인을 아직도 옥죄고 있다.

"환갑 때 자식들이 동남아 여행이라도 보내준다는데 출국금지가 되어 있어서 가지도 못했어요. 8천만 원이면 어떻게 해보겠는데 8억 원을 어떻게 냅니까?"

직장생활을 하면서 쌓인 노하우나 그동안 쌓은 사업 노하우를 믿고 무리하게 창업을 하고 사업을 확장하다 체납자가 된 사업자는 체납세금이 소멸되고 난 후 재기하면 과거의 실패가 소중한 밑거름이 되기도 한다.

안타까운 생계형 소액체납자

P씨는 의류업체로부터 이월상품을 싸게 매입하여 마진을 붙여 되파는 의류 유통업을 하였다. 의류업체로부터 매입자료를 받지 못하고 매출에 대해서는 계산서를 발행하지 않으면 거래가 되지 않았기 때문

에 박한 마진에 3개월마다 돌아오는 부가가치세를 막느라 바빴다. 부부가 밤잠 안 자고 일을 해도 어린 자녀의 양육비를 벌기도 빠듯했지만 별다른 대안이 없었다.

1월에 내야 할 부가가치세 수백만 원이 체납되면 담당 공무원이 계좌를 압류하고 전화로 온갖 독촉을 해댔다. 심지어 멀쩡한 사업장을 직권으로 폐업시킨다고 하여 빚을 얻어 세금을 내고 나면 다시 4월에 부가가치세를 또 내야 했다. 언젠가 새벽에 아이들을 차에 태워 양평의 산골짜기에 들어가 차에 연탄을 피우기까지 했다고 한다.

필자가 이들 부부의 사연을 듣고 체납내역을 살폈을 때 한 건당 수십만 원에서 수백만 원의 체납이 17건이 있었다. 가장 큰 체납세액이 가산세 포함하여 300만 원이 되지 않았고, 전체 체납세액도 3,500만 원이 채 되지 않았다.

슬프게도 필자가 만난 체납자들 대부분은 이런 체납자들이었다. 지금은 근로장려금이다, 자녀장려금이다 국가에서 경제활동인구에 대한 다양한 배려를 하고 있지만 우리가 만나는 체납자들은 이마저도 체납의 그늘에서 누리지 못하고 있다.

남의 이름으로 살아가다

K씨는 경기도 남양주에서 전기공사업을 하였다. 자수성가한 K씨는 노력파로 전기공사와 관련된 자격증만 여러 개였다. 한때 잘나가

던 그는 직원만 7명을 데리고 연 매출이 30억 원이 넘었다고 한다. 그런 그가 IMF 직전에 가평에 땅을 사서 전원주택단지를 개발하게 되었다. 그런데 갑작스럽게 거래처 어음들이 부도가 나고, 은행에서 상환 압박이 들어왔다. IMF라는 것도 나중에 알았다고 한다.

빚쟁이들에게 쫓겨 의정부 뒷골목에 버리고 온 트럭과 사무실 앞에 방치했던 봉고차 등 업무용 차량은 직원들이 체불임금 대신에 말도 없이 끌고 가 버렸고, 업무용으로 큰맘 먹고 장만한 소나타 승용차도 빚쟁이가 끌고 갔다. 그 차들이 2020년까지도 대한민국 어딘가를 돌아다니며 자동차세 미납, 책임보험 미가입, 자동차 정기검사 미이행, 고속도로 통행료 미납 등을 하고 있었다. 필자가 K씨와 함께 해당 차량의 차량등록원부를 검토해보니, 체납 건수가 무려 40페이지에 달했다. 어디 있는지도 모르는 차량에 압류가 되어 있어서 K씨는 IMF 때부터 2020년까지 체납자로 살아야 했던 것이다.

정신을 차리고 수습을 해보려고 하니 부가가치세와 법인세 2억 원의 세금이 어느새 4억 원이 되어 있었고, 4대보험이 4천만 원이나 밀려 있었다. '에라, 모르겠다' 하는 심정으로 자격증을 게시할 수 있는 건설회사에 취직을 하니 세무서에서 급여를 압류해서 그만두어야 했고, 통장도 만들 때마다 압류되었다.

이리저리 명의를 빌려서 일은 했으나 정상적이면 월 400만 원은 받을 직장이 200만 원도 받기 어려울 정도였다. 강남의 건설회사에서 8년 넘게 일했는데 남의 명의였다. 그 사람이 자기 대신 받아 가는 국민연금이 지금도 아깝다고 했다.

압류금지 재산이라는 것이 있지만, 조세신불자는 일단 국세청이 무섭고, 세금을 못 낸 죄책감이 있어서 최저임금으로라도 등록하고 직업을 가지거나 계좌를 만들어서 사용할 엄두를 못 내는 현실이다. 또한 체납 담당자와 상의해서 어찌어찌 분납이라도 하였다면 K씨 같은 경우 20년이나 이런 고생은 하지 않았을 거라는 아쉬움이 남는다. 본인도 이렇게까지 될 줄은 몰랐다고 한다.

세금체납은 주변 사람으로 퍼져나간다

경기도 포천에서 중고 건설기계 중개업을 하던 P씨는 사업은 열심히 하였지만 세금 문제에 대해서는 깜깜이었다. 그래서 때맞춰서 신고해야 하는 부가가치세와 종합소득세의 기본적인 납세의무를 저버렸다. 1년 해봐야 2~3천만 원도 못 버는 사업에 세무사에게 수수료를 줄 여유도 없었기 때문이다.

그는 부가가치세와 종합소득세 7건 1,600만 원을 12년간 체납하였다. 본인 이름으로 사업을 할 수 없어서 부인 명의로 사업을 하였고, 부인이 체납이 되자 남동생 명의로 다시 사업자등록을 하였다. 남동생이 체납자가 되자 어머니 명의로 사업자등록을 신청하였고, 담당 공무원이 온 가족이 체납자인 것과 어머니가 해당 사업을 하기에 연로하고 경험이 없다는 이유로 사업자등록 신청을 거부하자 필자를 찾아왔다.

한 사람이 세금을 체납하면 체납은 바이러스처럼 주변 사람들에게 물이 든다. 필자는 사석에서 이렇게 말한 적이 있다.

"네 명이 모이면 그중 한 사람은 조세신불자다."

그때 같이 있던 사람들은 모두 필자의 말이 틀리다고 하였지만, 그 자리에 있던 한 사람이 필자에게 찾아왔었다.

조세신불자라는 낙인

앞서 네 명 중 한 사람은 조세신불자라고 말했던 그 사석에 있던 사람의 사연이다.

L씨는 어릴 때부터 방송제작자가 꿈이었다. 대학에서 관련 학과를 졸업하고 공중파 방송국에 PD로 입사하여 경력을 쌓았다. 그리고 지인들과 동업으로 제작사를 창업하게 되었다. 그러나 경영에는 문외한이었던 그가 최초로 창업한 법인은 프로그램 하나 완성하기도 전에 부도가 나고 말았다.

한 번의 법인세 신고도 해보지 못하고 회사는 문을 닫았지만 국세청의 무신고자에 대한 직권 결정으로 법인세 1억 5천만 원과 부가가치세 6억 원 등 법인 체납에 대한 제2차 납세의무와 종합소득세 2억 원의 체납을 안게 되었다. 세금 문제도 프로그램이 잘되면 다 해결할 수 있다는 생각에 동분서주하였지만 방송국은 납세증명서를 요구하였고, 일본에서 한류 관련 프로그램 제작 제안이 들어왔지만 공항에서 출국금지가 되어 있는 것을 알았다. 무엇을 하려고 해도 조세신불자라는 꼬리표가 따라다녔다.

지인들에게 사업 실패담은 웃고 떠들면서 말할 수 있어도 자신이 조세신불자라는 말은 절대 할 수 없었다. 호탕하던 성격도 점점 소심해지고, 할 수 있다는 생각보다 하지 못하는 이유를 먼저 생각하는 삶의 연속이었다. 사회가 점점 투명해지고 납세의식이 중요해짐에 따라 관급공사뿐만 아니라 사기업들도 거래과정에서 납세증명서를 요구하는 경우가 많아졌다. 좋은 사업 아이템과 열정을 가지고 있지만 조세신불자라는 낙인으로 좌절하는 사업자들이 많다.

'당신의 체납세금이 해결되었습니다' 재기지원의 성과

[하나, 사업자등록을 하겠습니다]

냉동공조 설치와 수리를 전문으로 하는 K사장님은 젊은 시절 한마디로 개념이 없었다. 거래처가 세금계산서를 끊어달라고 하면 술 한 잔 얻어먹고 끊어주고, 부가가치세를 빼주는 조건으로 가격을 깎아서 원가를 절감하기도 하다가 체납자가 되었다.

필자와 상의하여 십수 년의 조세신불자 신세에서 탈출하고 나서부터는 세세한 것 하나하나 필자에게 묻는다. 사업자등록을 어디에 할 것인지, 차량을 구입하고 싶은데 어떻게 해야 하는지, 직원을 구해야 하는데…… 등등 작은 일들도 필자와 상의하고 싶어 하는 K사장님은 자신도 이제는 정신 바짝 차리고 모범 납세자로 살겠다는 의지를 필자에게 보여주고 싶은 것이다. 그 마음을 알기에 필자도 기꺼이 받아 준다.

한번 실패하고 장기체납자로 오래 고생했던 사업자는 재기에 성공하게 되면 자신의 사업장이 얼마나 소중한지를 잘 알고 자진신고납부제도의 충실한 이행자가 된다. 그렇다고 국가에 너무 큰 수업료를 지불할 일은 아니다.

[둘, 직원을 채용할 거예요]

조세신불자는 금융채무자와는 다르게 보아야 한다고 생각한다. 그들은 원래 경제활동을 하던 생산인구이다. 그들은 국가의 부가가치를 창출하였고, 고용을 책임지던 상공인들이다. 일단 재기에 성공하고 나면 이들은 본인의 현업을 누구보다도 잘한다.

동대문시장에서 의류 유통업을 하던 L사장님은 곰돌이 같은 외모와 소탈한 미소가 매력적인 분이다. 자료상이 만연한 동대문 유통시장에서 사업을 하면서 자연스럽게 체납자가 되었던 L사장님은 약 8천만 원 세금을 못 내다가 필자를 만났다.

지금은 온라인마케팅으로 매출이 가파르게 상승하는 의류업체 사장님이다. L사장님이 조세신불자에서 해방되어 사업자등록을 한 지가 3년이 되어가는데, 거의 매달 새로 직원을 뽑는다는 이야기를 듣는다. 벤처기업, 제조업 등 고용유발이 큰 업종뿐 아니라 소상공인들의 고용유발효과도 무시할 수 없다. 실패한 경험을 한 사장님들이 실패 경험을 바탕으로 재기하는 경우 눈부신 성공을 보게 되는 경우가 많다.

[셋, 희망이 생겨요]

치과의사인 C원장님은 한마디로 불운의 아이콘이었다. C원장님의 부친인 S원장님은 부산에서 유명한 치과의사였다. 인품과 실력 모두를 겸비해서 선후배 모두에게 존경받는 의사였고 경영에도 관심이 많았다. S원장님은 부산의 최고 요지에 거액을 투자하여 치과를 확장하였고, 그 안에는 환자에게 의료상식을 교육하고 선후배 의사들의 만남의 장소로 제공될 대형 강당까지 있었다고 한다. 2007년에 개인병원으로서는 파격적이 아닐 수 없었다.

이러한 투자를 위해 S원장님은 은행으로부터 원화 약 20억 원을 대출받는데, 은행직원의 권유로 엔화대출을 받게 되었다. 당시에는 의사들에게 엔화대출이 유행이었다고 한다. 그런데 1년이 지나자 환율효과로 인해서 원금이 2배가 되었고, 은행에서는 2배의 원금으로 원화대출로 갈아타 줄 것을 요구하였다고 한다.

그 스트레스로 인해 S원장님이 갑작스럽게 돌아가시게 되고, 은행에서는 모친 명의 부동산에 충분히 담보가치가 있으나 모친은 가정주부이고 연로자이므로 의사인 C원장님이 채무자가 될 것을 요구하였다. 은행의 압박에 못 이겨 C원장님이 부친의 채무를 고스란히 떠안을 수밖에 없었다.

빚잔치로도 모자란 상속재산에 상속세 조사로 상속세를 부과받고, 엎친 데 덮친 격으로 병원이 세무조사를 받아서 과태료를 수억 원 부과받았으나 억울한 사정을 아무도 해결해주지 못했다. 필자가 해당 세무조사를 검토해본 결과, 당시 세무대리인이 제대로 대응하였다면 부과받지 않아도 될 과태료로 보였지만 부과제척기간이 지나서 이제는 다툴 방법이 없다.

상속세와 과태료로 모친과 C원장의 모든 재산이 공매에 넘어가고 은행 채무로 경매에 넘어가고 가정은 풍비박산이 났다. 그 와중에 경매 넘어간 부동산에 양도소득세를 안 냈다고 세금이 또 나오고, 모친 명의 부동산이 경매 넘어가 C원장의 채무에 상환됐다고 증여세가 또 고지되었다. C원장의 채무는 부친의 채무를 은행으로부터 반강제로 떠안은 것으로, 상속조사를 제대로 대응했다면 어찌 되었을까 생각해보게 되는 대목이다.

이런 상황에서도 C원장은 치과를 폐업하지 않고 버티고 있었다. 필자가 C원장을 처음 만나던 날 그 처연한 모습을 잊을 수가 없다. 그는 임플란트 시술에 관한 한 최고이다. 러시아, 카자흐스탄, 일본 등 외국에서 그의 명성을 듣고 환자들이 찾아왔다. 그런데 신용카드 매출 채권, 건강보험금 채권은 물론 모든 통장이 압류되어 있는 상태였고, 월급을 주기 위해 산와머니, 리드코프 등 듣도 보도 못한 사채를 쓰고 있었다.

필자는 세 군데 세무서를 쫓아다니며 C원장의 상황을 세무공무원에게 이해시키고 C원장이 병원을 유지하는 것이 국가와 국민에게 이익인 처분이 되는 것임을 강력히 주장하여 병원을 유지할 수 있는 최소한의 수준으로 압류를 해제하였으며, 제척기간이 남아 있는 모든 세금을 원점에서 검토하여 부과된 세금을 최대한 줄였다. 아울러 개인채무와 조세채무의 상환 순서를 상의하여 이자와 가산세 부담을 줄이는 등 병원을 정상적으로 운영하도록 최선을 다해 도왔다.

C원장에게 더 이상 새롭게 발생하는 채무는 없으며, 절망과 좌절로 의기소침해 있던 C원장은 병원 서비스 개선 등 여러 시도를 통해 병원 매출도 많이 올라 내년 세금을 걱정할 정도가 되었다고 한다. C원장을 만날 때마다 "형님! 제가 이번에 이걸 한번 해보려고 하는데요"라는 말은 그의 고정 레퍼토리가 되었다. 희망에 들뜬 그 모습이 아름답게 보였다.

조세정의를 생각하다

탈세자와 정직한 실패자는 다르다. 그럼에도 불구하고 이를 구분하지 않는다.

동서고금을 통틀어 탈세가 없는 나라는 없을 것이다. 세무당국과 탈세자는 늘 숨바꼭질을 하며 전쟁을 치르고 있다. 오늘도 국세청 보도자료에는 탈세자에 대한 응징 소식이 가득 차 있다.

'개발지역 부동산 탈세 특별조사단 세무조사'

'역외 블랙머니 비밀계좌 및 핀테크 플랫폼 이용 신종 역외탈세 조사'

'코로나19 위기상황에서 반사적 이익을 누리는 레저·취미·집쿡 산업 세무조사'

'비트코인 등 가상자산을 이용하여 재산을 은닉한 고액체납자'

'악의적 체납자에 대한 범정부적 대응 강화'

'호화생활 고액체납자 은닉재산 끝까지 추적'

이와 같이 일일이 다 열거할 수 없을 정도로 많다.

자본주의 체제에서 세금은 분명 '꽃'이다. 사유재산을 인정하지 않으면 생길 일도 없겠지만, 늘 소득이 있는 곳에 세금은 따라다니는 것이다.

필자는 1982년 국립세무대학에 입학할 당시 우연히 북한 방송을 청취하게 되었다.

"남한 괴뢰도당은 힘없는 인민들의 피를 빨아먹기 위하여 국립세무대학을 설립하였습네다."

'앗, 이게 무슨 소리지?'

비록 세금의 '세' 자도 모르는 19세 어린 나이였지만 40년이 지난 지금까지도 뇌리 속에 또렷이 남아 있다. 그 당시 필자는 이 소리를 듣고 무시하고 지나쳤었다. 건실한 국가 세무공무원으로서 나라살림의 주역이 되어 잘사는 나라를 만들겠다는 꿈을 꿨었다. '힘없는 인민들의 피를 빨아먹는다'는 딴 세상 이야기는 귀에 들어오지 않았다.

프랑스혁명 당시 에피소드가 생각난다. 귀먹은 할머니가 시위하는 데모꾼들에게 왜 데모를 하느냐고 물었더니 "우리는 부르주아를 타파하기 위해 데모해요"라는 답을 들었다. 그러자 할머니는 이렇게 되물었단다.

"왜 못사는 프롤레타리아를 없애야지 잘사는 부르주아를 없애려고 하냐?"

'평등'의 문제와 '사유재산 인정과 행복추구권'이 맞부딪친 것이다.

있는 자와 없는 자의 관점 차이인 것이다.

　오죽했으면 2,500년 전 공자는 '빈이무원난(貧而無怨難) 부이무교이(富而無驕易)'라고 했을까. 가난한 자가 원망하지 않는 것은 참으로 어렵고 오히려 부자가 교만하지 않은 것은 쉬운 일이라는 것이다. 있는 자들은 교만하여 없는 자에게 돈으로써 갑질하는 것이 다반사다. 그럼에도 불구하고 부자들이 교만하지 않은 것은 빈자들이 원망하지 않는 것보다 오히려 쉬운 일이라고 할 정도로 가난한 자의 고통은 더 크다는 것이다.

　그러다 보니 있는 자들에 대한 세무조사의 철퇴는 늘 박수를 받는다. 세무당국은 있는 자들을 엄정한 세법의 칼로써 다스린다. 오죽 세금이 무서우면 호사(虎死)를 당하더라도 산속으로 가겠는가. '가정맹어호(苛政猛於虎)'이다. 가난한 자는 생활의 불편은 있을지언정 세금 걱정을 안 하니 부자들의 걱정 하나는 덜고 산다.

　자본주의 체제에서 세금은 무엇인가? 있는 자에게 세금을 거둬 없는 자에게 나눠주니 빈부의 격차를 줄일 수 있고, 세상을 평등하게 만들려고 하니 얼마나 고마운가? 기분 좋게 세금 내고 애국한다는 자부심을 갖는 분은 너무나 많다. 하지만 일부 부자들은 불만이다. 땀 흘려 고생해서 돈을 벌었더니 세금으로 다 거둬 가고, 노력하지도 않는 무능력자에게 복지혜택을 주니 더욱 나태해지는 세상이 된다고 한탄한다.

　세월이 흘러 40년이 지난 지금, 나름 해답을 찾았다. 우리가 살고 있는 자본주의 사회에서 반드시 세금은 있는 것이고, 세금이 있다면 조세정의는 지켜져야 한다.

개인과 국가의 윈윈을 모색하자

범법행위를 하는 탈세자와 정직한 실패자는 분명히 구분되어야 한다. 탈세자에게는 엄정한 법의 잣대를, 정직한 실패자에 대해서는 재기의 기회를 주어야 한다. 그래서 세수에 기여할 수 있는 기회를 박탈하지 말아야 한다. 탈세자와 정직한 실패자를 똑같이 취급해서는 안 된다. 비록 세금을 안 낸 사람들이긴 하지만 엄연히 구분되어야 한다. 조세행정의 승패, 국가 세수증대의 요체는 여기에 달려 있다고 해도 과언이 아닐 것이다.

탈세자는 고의로 세금을 회피하여 내지 않은 것이라면 정직한 실패자는 자기 의지와는 상관없이 낼 수 없는 상황에 처한 사람들이다. 중요한 것은 이 구분의 경계가 늘 모호하다는 것이다. 아니, 정확히 말한다면 조세행정에는 이런 기준 잣대 자체가 없다.

필자의 친구는 이름만 대도 알 만한 시행사 대표였는데 세무조사를 받으면서 200억 추징하겠다는 통보를 받았단다. 이 친구는 100억까지는 세금을 납부할 수 있겠다고 세무조사 공무원에게 사정하였으나 받아들여지지 않아 결국 400억이 추징되고, 결과적으로 세금은 한 푼도 못 냈다.

국세행정의 큰 틀은 부과와 징수이다. 세무조사하여 추징하는 것이 능사가 아니고 부과를 하였으면 과세권 유지와 더불어 징수를 잘 해야 하는 것이다. 부과한 조사 실적은 좋은데 징수 실적이 나쁘다면 그것은 어리석은 것 아니겠는가?

국가의 이익 측면에서 결과를 놓고 본다면 조세정의가 무엇인지 생각하게 한다. 개인도 살고 국가도 사는 길이라면 기존의 낡은 시스템은 과감히 벗어던지고 국가와 개인이 함께 사는 윈윈전략을 모색해야 할 것이다. 이 엄중한 코로나 시대에 생존의 길을 찾아야 하지 않겠는가!

세금에도 유통기한이 있다

세금에도 유통기한이 있다. 국세, 지방세, 4대보험, 추징금, 과태료 모두 시효가 있다.

2007년 12월 이전에 발생한 살인사건의 공소시효는 15년이었다. 우리가 잘 알고 있는 외상 술값의 경우에도 1년이 지나면 법적으로는 갚을 의무가 없다. 돈을 빌려준 채권자 입장에서는 피눈물 나는 일이다. 사람 사는 세상에서 빚을 갚지 않고 남의 눈에 피눈물 나게 하는 일은 도덕적으로 지탄받고 법적으로 처벌받는 것이 마땅하다. 그건 인간생활에서 기본인 것이다.

그러나, 사람이 살다 보면 피치 못할 사정이 생기는지라 법적 의무를 이행하지 못하는 어려운 상황도 있기 마련이다. 자본주의 사회에서 채권자를 우선해야 되는 것이 순리인데 굳이 채무자를 보호해준다고 하면 비난을 받지 않을까? 하지만 법의 취지로 봤을 때 법적 안정성 차원에서 소멸시효를 두고 있기 때문에 평생채무자 구도는 맞지 않는다는 소견을 피력하고자 하는 것이다.

장기체납자를 방치하는 것은 직무유기

세금의 경우에도 통상 시효는 5년이다. 물론 2013년도에 개정된 내용은 5억 원 이상의 체납은 시효가 10년이다. 그러나 문제는 많은 이들이 10년, 20년이 지나도 계속 체납자로 남아 있다는 사실이다. 그 이유는 시효중단 때문이다.

이 문제는 반드시 해결하여야 한다. 압류 후 방치하여 평생체납자가 되는 현실은 지하경제를 키우게 되고, 그 결과 국가와 사회에 지대한 악영향이 미칠 것은 명약관화하다. 실패가 용인되지 않는 사회!

유통기한이 지난 음식을 잘못 먹으면 식중독에 걸려 배앓이를 하거나 죽기까지 한다. 5년 내 현금징수를 제대로 하는 것이 세무공무원의 의무이고, 10년, 20년 장기체납자를 방치하는 것은 직무유기이며, 직무유기를 하면 결국 암적 존재인 지하경제의 병폐가 커진다.

체납세금이 5년 또는 10년 지나면 숨긴 재산도 다 써버리고 없기 때문에 징수할 가능성은 매우 낮아진다. 유통기한이 끝나기 전에 음식을 먹듯, 시효기간 이내에 잘 징수하는 것이 건강한 사회를 만드는 길일 것이다.

체납처분과 마녀사냥

2017년 경기도에서 실시한 체납자 전수조사 결과, 체납자 인원은 419만 4,037명, 체납액은 2조 6,613억 원으로 조사되었다(경기도, 2019 체납자 실태조사 표준업무 매뉴얼). 이러한 체납 현황을 근거로 경기도는 체납자의 체납사유, 납부능력의 고려 없는 획일적 체납처분을 지양하는 정책을 펼치고 있다. 나아가 체납자 실태조사를 통한 맞춤형 징수 및 생계형 체납자 복지를 연계하는 정책을 펴고 있다.

이러한 체납세금 정리 정책을 통해 기대되는 효과는 공공일자리 4,500개 창출, 세수 증대, 조세정의 실현이다. 이와 같은 정책은 참으로 훌륭하다. 특히 생계형 체납자의 복지까지 연계한다는 발상은 정말 '행정의 달인'이라는 감탄사가 나올 수밖에 없다.

그런데 최근 지방세 체납징수 사례에서 심각한 문제점을 발견하였다. 어느 유명인 가족의 체납 사례이다.

납세신뢰도를 떨어뜨리는 징수행정 사례

지자체에서 체납세금 4억 원을 18년 만에 징수하는 과정에서 발생한 일이다. 재원충당은 했을지라도 납세신뢰도와 징수행정만족도를 떨어뜨렸다. 그 이유는 첫째, 언론을 이용한 마녀사냥식 보도를 통해 연좌(連坐)의 굴레를 덮어씌워 가족의 명예를 훼손하고 체납자 당사자에 심리적 압박을 가하여 납세불순응을 유도하였기 때문이다. 이러한 강압적인 징수행정은 단기적으로는 효과가 있겠으나 장기적으로는 조세에 저항하는 납세의식을 형성시켜 징수행정만족도를 현격히 떨어뜨리는 것이다.

둘째, 체납자에 대한 체납처분 시 가족 소유 동산 압류, 폐차된 차량 압류, 잔액이 없는 통장 압류 등 효력 없는 압류로 인한 잘못된 시효중단이기 때문이다. '국고주의적 입장'에서 업무처리를 하는 것은 공무원의 당연한 역할이지만, 반드시 적법하게 업무를 하여야 하는 것은 기본이다. 적법하게 처리가 되었다면 시효완성으로 인한 납부의 무소멸이 되었어야 함에도 불구하고 부당하게 처리하여 납세신뢰도를 하락시켰다.

셋째, 조세행정기관 측면에서 보면, 국세는 시효완성으로 납부의무가 소멸되었는데 지방세는 시효중단 및 체납징수를 하였다. 크게 보면 같은 조세 징수 기관임에도 각기 다른 행정처분을 함으로써 공공기관에 대한 납세신뢰도를 결정적으로 떨어뜨렸다. 지방세 4억을 징수하고 돈으로 환산할 수 없는 납세순응 상실을 불러온 것이다.

경찰보다 어머니의 역할로

필자는 〈납세신뢰도가 납세순응에 미치는 영향: 납세의식과 징수행정 만족도의 매개효과〉라는 다소 주제가 생소하고 제목도 긴 박사학위 논문을 썼다. 이 논문은 한마디로 '국가와 개인이 어떻게 하면 세금 문제에 있어서 윈윈할 수 있을 것인가?'라는 고민이 담겨 있는 것이다.

더 이상 정직한 실패자를 방치하지 말고 구제하여 세수기여의 대열에 함께할 수 있도록 하자는 취지다. 특히 세무당국의 '강압적 납세순응'은 단기적으로는 효과가 좋을지 모르나 장기적으로는 결코 유리하지 않다는 주장이다. 납세자의 '자발적 납세순응'을 촉진하기 위해 조세행정의 납세신뢰도를 높이자는 내용이다.

그림은 강도 잡는 경찰로서 강압적 납세순응을 유도하는 역할보다는 어린아이를 돌보는 어머니 역할로 자발적 납세순응을 이끌어내는 것이 국가와 개인 모두에게 유리하다는 의미를 함축하고 있다.

〈미끄러운 경사이론 모형〉

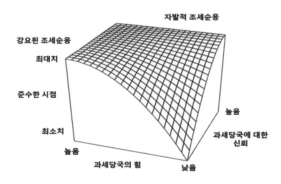

자료: Kirchler et al. (2008)

조세저항운동의 상징, 고디바

때는 바야흐로 11세기, 영국 코벤트리 지방에서 일어난 일이다. 구고구난(救苦救難)의 아름다운 마음을 가진 여인 고디바의 나체시위가 있었다.

그녀의 남편 리어프릭은 영주로서 자신의 영지에 있는 백성들에게 가혹하게 세금을 걷는 정책을 시행하였고, 백성들의 고통은 나날이 커져만 갔다. 신실한 신앙심이 있는 가톨릭 신자였던 고디바는 남편의 조세정책 때문에 힘들어하는 농민들을 불쌍히 여겨 세금부담을 줄여달라고 탄원하였다. 그녀의 기도 제목은 늘 '세금감면'이었다. 하지만 남편은 아내의 의견을 깡그리 무시한 채 백성들을 계속 탄압하였다.

그러나 고디바는 포기하지 않고 계속 애원하였다. 그러자 영주는 자기 부인이 감히 수용할 수 없는 제안을 하였다. "만약 당신이 나체로 말을 타고 동네를 한 바퀴 돈다면 세금감면을 고려하겠다"라고 한 것이다.

그 당시 고디바의 나이 16세. 영주는 자기 부인이 그 어린 나이에 절대 나체로 나다니지는 못할 것이라고 여겼다. 21세기 현대인의 사고방식으로 생각하더라도 16세 여성이 알몸으로 마을 한 바퀴를 돈다는 것은 상상하기 어려운 일이다. 그러나 고디바는 도탄에 빠진 백성들을 구하기 위해서라면 기꺼이 자기 한 몸을 불사르기로 작정했다.

나체시위로 얻어낸 세금감면

드디어 날이 밝자 고디바는 실오라기 하나도 걸치지 않고 머리카락으로만 몸을 가린 채 말을 타고 나체시위를 하였다. 그 누구도 고매하신 영주의 부인이 백성들을 위하여 조세저항운동을 한다는 것은 꿈도 꾸지 못한 일이었다. 이에 백성들은 감동하여 그녀가 말을 타고 출발하자 전부 문을 걸어 잠그고 커튼을 치고 시위가 끝날 때까지 두 손 모아 기도하였다.

이러한 아내의 행동에 감화받은 영주는 결국 세금을 감면하기로 결정하고 선정을 베풀었다. 백성들은 그녀의 숭고한 희생정신에 감동하여 높이 추앙하게 되었다. 그래서 지금도 코벤트리 마을 입구에는 말을 탄 여인의 형상을 한 로고가 있고, 초콜릿을 비롯한 여러 상품들이 꾸준히 나오고 있다. 매년 그녀의 거룩한 정신을 기리는 축제도 열리고 있다.

어린 여성으로서 고통 속에 빠져 있는 백성들을 구하기 위하여 죽음보다도 더한 여성으로서의 수치심을 이겨냈다는 것은 대단한 일이 아닐 수 없다. 노블레스 오블리주(noblesse oblige)를 직접 행동으로 옮긴 그녀의 훌륭한 마음을 기리는 뜻에서 고디바 초콜릿에는 고디바의 그림이 그려져 있다.

역사 이래로 어떤 정권이든 세금 때문에 흥하고 망했다. 세금만큼 국민과 서민의 삶에 직결되는 것이 없다. 일찍이 영국에서는 마그나 카르타(대헌장)의 역사적 혁명이 일어났고, 고디바의 조세저항운동이 있었으며, 미국은 세금 문제로 영국과 다투다 독립까지 하게 되었다.

그리고 2007년 대한민국 서울 거리에도 양도소득세 실거래가액 과세 전환에 따른 정권교체 현수막이 나붙었다.

"못 살겠다, 세금폭탄. 정권교체 이룩하자."

소멸시효 전쟁

국세청 현직 후배와 티타임을 하면서 물었다. 장기체납자에 대한 구체적인 현황에 대한 통계가 있느냐고. 그러나 돌아오는 대답은,

"형님, 아시잖아요? 자료 생성할 수 없다는 것! 국세통계연보를 보시지요."

필자의 갈구함을 해결해주는 데 전혀 도움이 되지 못했다.

최근 국무조정실 규제개선팀장으로 있는 박사 후배와 대화를 하였는데, "제가 기재부, 국세청 불러서 이야기해볼게요"라고 했다. 그리고 일선 세무서에 확인해보니 실익 없는 부동산에 대한 압류해제 작업을 잘 진행하고 있는 것이었다. 그래서 그 뒤로는 규제개선팀에 별다른 이야기를 하지 않았다. 역시 조세행정은 늘 유연하고 생명력이 있다는 사실을 확인하였다.

경제활동을 못하는 실패자 2천만 명

경기도 이재명 지사가 체납관리단을 2019년도에 출범시켰다. 그래서 경기도청에 근무하는 지인에게 부탁하여 자료를 입수했다. 2019년 체납자 실태조사 표본 표준업무 매뉴얼! 이 자료집 7쪽을 보니 체납자 실태 전수조사를 3년 동안 하는데, 조사대상은 약 300만 명이다. 2017년도 결산 기준 체납자 현황표를 보니 체납자 수가 419만 4,037명이다. 경기도민의 숫자가 1,300만 명이라고 하면 32%가 체납자인 것이다. 충격이었다.

필자가 본 국세통계연보의 수치로는 매년 8조 내외의 정리보류, 즉 결손을 하고 있다. 이는 폐업 및 무재산, 무자력자이다. 필자가 추정컨대 매년 발생되는 폐업 및 정리보류되는 인원은 약 30여만 명이라 본다. 그런데 이런 통계수치도 제대로 구할 수가 없다. 단순 계산하면 20년 통산 600만 명! 이 정도로 혼자 추산하는 것이다. 전국 지자체의 체납과 관세를 포함한 국세, 국민건강보험공단의 4대보험, 검찰청의 추징금, 지자체의 과태료까지 더한다면 신불자로서 경제활동을 못하는 실패자는 줄잡아 2천만 명이 되리라 본다.

필자는 재도전지원협회 세미나에 가서 재도전과장을 역임했던 중기부 국장에게 질문을 한 적이 있다.

"재도전이라 함은 실패자가 다시 경제활동을 할 수 있도록 도와주는 거죠? 그리고 이 실패자라는 것은 소위 신불자인 거죠? 신불자라 함은 금융채무자, 국세체납자, 지자체의 지방세와 과태료, 검찰청의 추징금 미납자까지 합친다면 인원이 적지 않을 텐데 이와 관련한 통계자료가 있나요?"

그러나 돌아온 대답은 '모른다'였다.

통계는 필자가 접근하기가 참 힘들다. 국무조정실에 근무한 박사 후배 말로는 각 부처별 규제개선 정책회의를 할 때 통계자료를 주지 않는 부처가 기재부, 국세청, 관세청이라고 한다. 하물며 필자 같은 범부가 요구하고 받을 수 있겠는가? 정말 높고 높은 벽을 느낀다.

필자가 미친놈처럼 "내가 대통령이 된다면, 국회의원이 되어 제대로 법을 만들 수 있다면, 조세신불자 패자부활전을 하겠다"라고 늘 떠드는데, 메아리 없는 외침은 벽과 마주 보고 있는 느낌이다.

누구를 위한 법인가?

전쟁이라고 표현을 한다면 아군과 적군을 명확히 구분해야 할 것이다. 이런 표현은 국론을 분열시키고 이간질하는 나쁜 일이라 비판 받을 수도 있을 것이다. 그러나 침몰하고 있는 배에서 다 함께 살기 위해서는 어쩔 수 없다. 아군이 조세체납자를 포함한 신불자라고 한다면 적군은 국세청, 관세청, 지자체, 검찰청, 국민건강보험공단, 법원인 것이다. 아군인 신불자를 더 넓힌다면 경제적 약자까지도 포함할 수 있을 것이다.

물론 필자는 자본주의의 근간을 흔들 생각은 추호도 없다. 채권자

시장은 기본적으로 존중해야 한다. 다만, 채무자의 기본권을 흔들어서는 안 된다는 것이다. 철저히 실정법에 의해서 엄격하게 법 집행이 되어야 한다. 법의 테두리를 벗어나는 것은 있을 수 없는 일이며, 법대로 하되 방치하거나 직무유기하거나 직권남용으로 신불자의 재기를 방해해서는 안 된다는 것이다.

국세기본법 제27조 체납세금의 소멸시효는 5년이다. 2013년 이후부터 5억 원 이상 체납자는 10년 적용이 신설되었다. 5억 이상 체납자는 체납자 전체 인원 중에 1%가 안 되기 때문에 논외로 하더라도 5년이라는 소멸시효는 실정법대로 제대로 적용되어야 한다.

정상적인 경제인으로 평균적인 생활을 하는 사람이라면 몇 달만 경제활동을 하지 않아도 파산 날 것이다. 한 달 한 달 벌어서 생활하는 서민들의 입장에서 보면 5년이란 시간은 너무나 길다. 5년 동안 무위도식하고 버틸 수 있는 사람이 몇이나 될까?

국세청은 조세포탈 없고 재산은닉하지 않은 무자력자인 사람 내지는 정직한 실패자에 대해서는 즉각 사업 재개할 수 있도록 적극 지원해야 할 것이다. 1996년도까지 살아 있던 국세기본법 제26조에는 결손 즉시 납부의무소멸 조치를 해주도록 되어 있었다. 지금은 상상조차 할 수 없는 일이다. 결손 즉시 사업재개를 할 수 있다면 5년 동안 지하경제로 숨어들지 않고 성실한 납세자로서 세수기여를 할 수 있지 않을까? 물론 이것은 과거에 있었던 법인데 지금 다시 부활한다면 과히 '혁명'이라고 할 수 있을 정도로 어렵고도 힘든 일일 것이다. 이러한 세법 정비와 더불어 재차 사업실패하지 않는 구도를 탄탄히 만드는 제도적 장치도 반드시 구축해야 할 것이다.

1996년도까지 살아 있던 국세기본법 제26조 '결손 즉시 납부의무소멸' 법 조항을 다시 부활시켜야 하며, 더불어 1994년에 폐지된 '공매 중지 즉시 납부의무소멸' 법 조항도 다시 살려야겠다. 체납처분중지로 평생 체납자를 고통받게 하는 건 국가공무원으로서 해서는 안 되는 일 아닌가?

소멸시효로 전쟁을 한다면, 살인죄처럼 공소시효를 없애도 좋다고 생각한다. 조세포탈을 하거나 재산은닉한 사람에 대해서는 시효를 평생 따라가게 하고, 그야말로 정직한 실패자에 대해서는 정리보류, 즉 결손 즉시 시효완성으로 납부의무소멸 조치를 해야 한다는 것이다. 하루하루 살아가는 서민들 입장에서는 한 달, 두 달도 경제활동을 하지 않으면 삶이 무너진다. 매월 이자, 전기요금, 수도요금, 자녀교육비, 임대료, 옷값, 쌀값, 반찬비 등 생활비를 감당하지 않으면 바늘구멍에 댐이 무너지듯 삶이 망가진다.

조세행정기관에서는 조세법률주의에 의하여 법으로 과세할 수 있는 요건을 정하여 징수하고 있다. 그렇다면 5년이 조세 소멸시효인데, 5년이 넘은 체납은 5억 원 이상 체납을 제외하고 모두 없애야 하는 것 아닌가? 왜 5억 원 이하의 체납자가 10년, 20년이 지나도 계속 체납으로 남아 있단 말인가?

물론 국세기본법 제28조를 보면 '소멸시효의 중단'이 있다. 고지, 독촉, 교부청구, 압류할 때이다. 여기서 다른 것은 1회성이라 문제가 없는데 압류의 경우가 늘 문제다. 압류를 하면 시효가 중단되고, 다시 시효가 진행이 되어야 하는데 그러려면 압류해제를 해야만 하는 것이다. 왜냐하면 시효기산일은 압류해제일의 다음 날이라고 되어 있기 때문이다.

만약 아군과 적군이 전쟁을 한다면 바로 이 대목이다. 압류는 반드시 6개월 이내에 체납처분 종결하여 해제하여야 한다는 원칙을 세우는 것이다. 강제조항을 대전제로 깔아야 한다. 그러지 않으면 공매하는 데도 시간이 소요되고, 어떤 경우는 실익 없는 재산이라 공매가 중지되어 평생체납자가 되기 때문이다.

실패가 용인되는 사회를 바라며

아마 대한민국에서 필자처럼 떠드는 사람은 별로 없을 것이다. 필자같이 바보 같은 사람이라야만 떠들 수 있는 일이기 때문이다. 자본주의의 시장논리로 보면 채무자 구제는 나라에서 할 일이지 어느 개인이 한다는 것은 어리석은 일이다. '계란으로 바위 치기'라는 속담이 딱 맞는 말이다.

필자는 2017년도 봄에 열심히 떠든 결과 국세청 징세과에서 지침을 내려줘서 '100만 원 미만 압류재산에 대해서는 압류해제하라'는 공문을 내려보내어 전국 세무서에서 업무처리를 하고 있는 것까지 확인한 바 있다. 이것은 전쟁의 승리였다. 비록 작은 승전보이긴 하지만. 그러나 그 뒤에 더 큰 후폭풍이 몰려왔다. 필자는 항복했다. 4촌 이내의 혈족, 6촌 이내의 인척에 대한 금융추적조사와 체납자의 재산 은닉 및 면탈범에 대해서는 구류 30일이라는 법이 신설된 것이다. 세법은 납세자를 위하여 발전하기도 하지만 국가를 위해서는 더더욱 빠른 발전을 하고 있다.

국세청은 '자발적 순응'이 아닌 '강압적 순응'을 입법화한 것이다. 필자는 물론 이런 법은 단기적으로는 효과가 있어 환영하지만, 납세신뢰도 구축과 납세순응과는 점점 거리가 멀어져 납세의식과 징수행정만족도가 떨어질까 두렵다.

공무원은 실정법을 기본으로 엄정하게 법을 집행하겠지만, 이것은 체납자에게만 적용되어서는 안 된다. 공무원에게도 똑같이 적용해야 한다. 우리 모두는 신불자의 주검이 세상천지 가득히 널려 있는 시대를 살고 있다. 압류 후 방치하여 평생체납자가 되지 않도록 하는 '적법한 소멸시효 관리'는 프레시 스타트(Fresh Start)가 근본취지이다.

하버드대학교 엘리자베스 워런 교수는 이렇게 말했다.

기업은 결국 실패한다. 따라서 기업의 실패에 대하여 관용이 필요하다.

실패가 용인되지 않는 이 시대에 '착한 사마리아인의 법'을 제정해서라도 다 죽어가는 사람을 그냥 지나치고 방치하지 말자. 제발!

착한 사마리아인의 법(Good Samaritan Law)

조세신불자의 패자부활전을 통하여 일자리를 창출하기 위해서는 착한 사마리아인 법을 제정하여 '장기 조세체납자의 일자리 창출 걸림돌을 제거'하여야 한다. 국세청 등 조세행정기관은 일자리 창출을 위한 시대적인 사명완수를 위해 TF팀을 만들고 구체적인 방안을 수립하고 시범 세무서를 운영하여 적극적으로 나서야 할 것이다. 또한 일선 세무서에서는 장기 조세체납자 축소를 위한 실적 평가를 제도화하여 전 직원의 인사고과에도 반영하여야만 가시적인 결과가 도출될 것이다.

착한 사마리아인의 법은 위험에 처한 사람을 구조하는 과정에서 자신이 위험에 빠지지 않는 상황인데도 불구하고 구조 불이행(Failure-to-Rescue)을 저지른 사람을 처벌하는 법이다. '구조거부죄' 또는 '불구조죄'라고도 한다. 결국 '착한 사마리아인 법'은 도덕적인 의무를 법으로 규정하여 강제하는 것이다. 이러한 입법의 예는 프랑스 형법 제63조 제2항에서 찾을 수 있다.

> 위험에 처해 있는 사람을 구해주어도 자신이나 제3자에게 위험이 없는데도 도와주지 않는 자는 3개월에서 5년까지의 징역과 360프랑에서 1만 5천 프랑까지의 벌금을 물거나 이 둘 중 한 가지를 받게 된다.

착한 사마리아인 이야기는 신약성경 누가복음서 10장 30~37절에 등장한다. 어느 유대인이 강도에게 폭력을 당해 다쳤을 때 유대인 제사장, 레위인은 다친 사람을 보고 그냥 지나쳤지만 오히려 유대인들에게 멸시당하며 살던 사마리아인은 이를 보고 구제해준다. 착한 사마리아인의 법은 '법적인 의무는 없지만 도덕적 차원에서 인간이 당연히 해야 할 일'이라는 의미를 보여준다.

다중채무자 사각지대,
일자리 창출의 걸림돌

문재인 대통령은 취임과 동시에 일자리위원장을 맡으면서 경제 활성화를 도모하였다. 특히 금융채무자 구제에 대한 과감한 정책으로 214만 명 구제 및 27조 탕감이라는 큰 그림을 그렸다. 물론 일부 언론으로부터 모럴 해저드라는 엄청난 비난을 감수해야만 했다. 사랑 없는 정의는 살인면허와 같다지만, 사랑 있는 정의는 다른 것이다. 부의 불평등을 해소하는 데 어느 정도 기여하리라 본다.

금융채무자 구제는 직접적인 일자리 창출은 아니지만 일자리 창출의 걸림돌을 제거하는 선결과제이다. 또한 일자리 창출의 걸림돌은 비단 금융뿐만 아니라 조세, 4대보험, 추징금, 과태료, 벌금 등 다중채무자가 안고 있는 모든 채무가 포함된다. 왜냐하면 다중채무자가 자력으로 풀 수 없는 걸림돌이 하나라도 남아 있으면 일자리 창출이 불가능하기 때문이다. 따라서 '금융채무자 구제'와 더불어 다중채무를 다 함께 해결해야만 취약계층의 궁극적인 일자리 창출이 가능하다.

조세채무자 구제는 누가?

필자는 '조세신불자 패자부활전'이라는 슬로건을 내걸고 6년째 고군분투하고 있으나 개인의 역량이 부족하다는 것을 뼈저리게 통감하고 있다. 이 일은 '남 살리고 내가 죽는' 일이 아니라 '내가 죽고 너도 죽는' 참으로 힘든 과제이므로 개인이 아닌 국가적인 차원에서 전략적으로 접근해야 될 일이다.

다중채무자들의 한과 눈물을 보듬고 민생을 도와 재도전의 발판을 만들어주는 거룩한 성전(聖戰)에 그 누구도 각별한 관심을 보여주지 않는다. 또한 대의명분이 좋은 일이라서 일을 한다고 할지라도 구고구난(救苦救難)할 수 있는 소명의식과 능력이 없으면 한갓 개인의 소일거리로 되고 말 것이다. 국가 입장에서는 '다중채무자 구제 중앙 컨트롤타워'를 구축해야 할 것이다.

다중채무자 문제의 큰 틀은 금융과 조세이다. 금융은 이미 범국가 차원에서 시행하고 있으나 조세 문제는 그 누구도 감히 목소리를 내지 못하고 있다. 자칫 '도덕적 해이'라는 비난을 피할 수 없기 때문이리라.

필자는 지난 2018년 10월 국회 헌정기념관에서 스웨덴 국제납세자권리연구소 주최로 열린 국제 납세자권리 컨퍼런스에서 '조세체납자를 중심으로 본 한국의 징수행정'이라는 주제로 발표하였다. 이 내용의 가장 중요한 핵심은 '무재산 폐업자'로 국세청에서 정리보류되고 있는 소위 '결손'에 대한 문제이다. 이것은 최근 10년 누계가 76조, 20년 누계가 153조 원으로 천문학적인 수치이다.

비록 전체 세수에서 차지하는 비중이 3%도 채 안 되는 금액이지만 매년 발생되는 8조 원 규모의 정리보류금액은 결코 간과해서는 안 되며 매년 30여만 명으로 추정되는 조세신불자는 반드시 사회문제로 부메랑이 되어 지하경제를 양산하는 암적인 존재로 전락하고 말 것이다. 그러면 이들을 어떻게 구제할 것인가 하는 것이 이 시대의 과업이자 난제인 것이다.

체납의 악순환

어느 아버지를 보았다. 체납이 되었다. 세금 독촉받고 폐업하였다. 폐업해야 정리보류가 되고 세무관서 실적관리가 된다. 그 체납자는 폐업했지만 아들 명의로 다시 사업한다. 그런데 부친의 사업을 승계한 20대 초반 아들은 불과 2년 만에 체납금액이 1억 원이 넘는다. 이게 대한민국의 현주소다. 이런 체납의 악순환은 백지 위의 먹물처럼 그렇게 퍼져나가고 있는 것이다.

현재 조세신불자는 과연 몇 명이나 될까? 이에 대한 구체적인 통계는 찾을 수가 없다. 국민의 한 사람으로서 알고는 싶지만 정보접근권이 차단되어 있어 알 수가 없다. 다만 장님이 코끼리 다리 만지는 식으로라도 단편적인 사실을 꿰맞춰 추론할 수밖에 없는 것이 현실이다.

최근 경기도에서는 체납관리단을 뽑아 발대식을 하였는데 3년 동안 매년 1,500명씩 선발한다는 계획으로 출범하였다. 공공일자리 창출을 위해서도 좋고, 고질체납자의 재산을 추적하여 재원조달을 하는 것도 좋을 뿐만 아니라 정말 어려운 생계형 체납자에 대해서는 복지까지 연계하여 지원한다고 하니 참으로 발상이 신선하고 좋다.

여기서 주목할 것은 경기도민의 체납자 수가 487만 명이라는 것과 체납액은 2조 4,067억 원이라는 것이다. 경기도민 1,340만 명 중 체납자가 487만 명이라면 세 명 중 한 명 꼴인데, 미성년자와 고령층을 제외한 경제활동인구 대부분인 것이다. 이 수치는 이재명 지사가 발대식할 때 인사말에서 나온 것이다. 체납자 수를 4인 가족으로 환산한다면 2천만 명 가까이 된다. 더욱이 경기도가 아닌 다른 지자체의 체납자와 금융, 조세, 4대보험, 추징금, 과태료 등 다중채무자들을 다 합친다면…… 상상하기 어려운 엄청난 인원이 될 것이다.

이렇게 중요한 문제를 풀기 위해서는 정확한 진단을 위한 통계자료를 통하여 거대담론을 하여야 할 것이나 기재부, 국세청, 관세청 등 유관기관에서는 이러한 정보를 철저히 베일에 가려 공개를 하지 않고 있다. 정보조차 공유할 수 없다는 것은 그 상황이 매우 심각하다는 방증이 아니겠는가?

이러한 참담한 현실에 '일자리 창출의 걸림돌을 제거하는 일'에 관심 있는 사람들의 고뇌는 더욱더 깊어질 수밖에 없다. 실패가 용인되는 사회, 패자부활전과 재도전이 가능한 사회는 언제 올 것인가?

소액체납자와 고액체납자 비율을 알면
정책대안이 보인다

여기서 제시하는 표는 국세통계센터에 있는 2020년 징수 통계자료 2-3-3 '체납액 규모별 비율'을 그래프로 그려본 것이다. 국세청 통계자료를 필자가 다시 정리했다. 10억 원 이상 체납은 1억 원 이상 체납과 합쳤다. 크게 구분할 만한 명분이 없어서이다. 1억 원 이상의 체납은 모두 고액체납으로 분류하였다. 그리고 각 체납액 규모별 인원과 금액에 대한 통계에서 비율이 없어서 '비율' 항목을 새롭게 작성했다.

이 표를 보면 1천만 원 미만 체납자가 전체 체납자 86만 4,107명 중에서 71만 608명으로 82.2%를 차지하고 있다. 1억 미만 체납자 인원은 전체 체납자 인원 중에서 98.5%를 차지한다. 그러니까 1억 원 이상 체납자는 아주 소수라는 이야기다. 불과 1.5%를 차지한다. 많은 언론매체에서 보도하고 있는 나쁜 체납자 프레임은 사실 이런 1억 원 이상의 체납자에게 해당되는 것이다. 그리고 이 1.5%에 해당하는 체납자가 차지하는 금액이 전체 금액 중에서 44.4%나 된다. 그렇다면 국세공무원들이 집중해야 할 업무대상이 어디인지는 자연스럽게 답이 나온다.

1억 원 이상 체납에 집중!

영화 〈주유소습격사건〉에서 나오는 대사가 생각난다.

"나는 한 놈만 패."

물론 1억 원 미만 체납자에 대한 징수를 소홀히 하라는 뜻은 결코 아니다. 다만, 1억 원 이상 체납자를 놓치지 않기 위해서는 늘 우선순위를 두는 것이 좋다는 말이다. 무능력하거나 경영마인드가 없거나 게을러서 사업이 망한 경우도 있겠지만 나름 열심히 땀 흘려 사업하다 망한 정직한 실패자는 보호해야 하고, 고액체납자에 대해서는 돈의 꼬리표를 끝까지 추적하여 징수해야 할 것이다.

한편 체납 건수를 보면 전체 218만 5,889건 중에서 1천만 원 미만 건수가 134만 5,482건으로 61.5%를 차지하고 있다. 1억 원 미만 체납 건수는 206만 7,281건이다. 이것은 전체 건수 중에서 94.5%를 차지한다. 이는 생계형 체납자는 다수의 체납 건수가 발생한다는 방증이 된다. 역으로 보면 그만큼 세무공무원의 노고도 더 늘어날 수밖에 없다.

〈체납액 규모별 비율〉

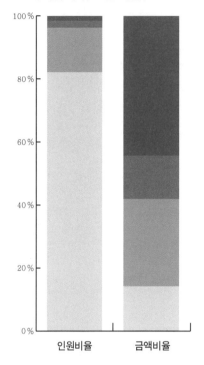

- 1억 원 이상
- 5천만 원~1억 원
- 1천만 원~5천만 원
- 1천만 원 미만

인원비율　　금액비율

(단위 : 억원)

체납액 규모별	인원 864,107	비율	금액 95,284	비율
1천만 원 미만	710,608	82.2%	13,444	14.1%
1천만 원~5천만 원	121,825	14.1%	26,445	27.8%
5천만 원~1억 원	19,069	2.2%	13,092	13.7%
1억 원 이상	12,605	1.5%	42,303	44.4%

필자의 짧은 소견은 나라살림 측면에서 선택과 집중을 한다면 1억 원 이상 체납에만 집중하는 것이 실리적이라는 것이다. 소액체납자 는 결단을 내려 신불자로부터 탈출하도록 조치하자. 다만, 재기 의지 가 있는 사람에 대해서만 도와주는 것이다. 또 체납하거나 타인에게 명의대여하는 찬스를 주어서는 안 되기 때문이다. 정직한 실패자로서 성실하게 사업할 의지가 있는 사람인지를 검증하고, 경영에 대한 전 반적인 능력을 키워주고, 납세순응 교육을 하는 시스템을 구축할 필 요가 있다.

조세신불자 패자부활
오뚝이 프로젝트

재도전세를 신설하자

고향세에 대한 기사는 2016년 5월 19일 조선일보 손진석 기자가 쓴 것이다. 무척 인상적이라 유심히 보았다. 내용인즉 일본 홋카이도에 있는 관광지 가미시호로 이야기다. 5천 명 정도 사는 작은 지방자치단체에서 한 해 고향세로만 100억 원 넘는 세수를 거둔다는 내용이다.

이 기사를 보니 필자도 느끼는 바가 있었다. 누구나 나이가 들어 어느 정도 경제적으로 안정되면 고향에 대한 향수와 더불어 고향마을에 기부하겠다는 정서는 아주 자연스러운 것이다. 이러한 기부금을 세금으로 공제하여 혜택을 주니 아름다운 문화가 확산된 것이리라.

'강압적 납세순응'이 아닌 '자발적 납세순응'은 이렇듯 기적과도 같은 놀라운 일을 만들어낸다. 인간이 만물의 영장이 될 수 있는 이유 중 하나는 자유의지를 갖고 있다는 것이다. 이런 고귀한 인간을 강압적으로 대한다는 것은 늘 저항을 불러일으키고 실효성도 적다. 필자도 서울에 살지만 어릴 적 살던 고향에 기부하는 것은 참 기분 좋은 일이다.

기부하듯 세금을 낸다면?

그러면 실패한 사람들이 재도전할 때 도와주는 조세정책이나 제도는 없을까? 이름하여 '재도전세'를 신설하는 것은 어떨까? 대상은 체납자이다. 사업자가 폐업하고 망해서 10년이 지났지만 아직 체납이 남아 있는 관할 세무서에 일정 금액의 재도전세를 내면 가산세와 가산금을 제외한 본세에서 일부 납부하는 것이다. 대략 전체 체납금액에서 20~25% 수준이 되리라 본다. 이 세금은 체납자 본인이 아닌 체납자가 다니고 있는 회사에서 지원해도 세제혜택을 받을 수 있도록 하는 것이다.

대부분 체납자들은 본인 명의 사업을 접은 후 배우자나 자녀들 이름으로 사업을 하고 있는 경우가 많다. 좋은 의미로는 가업승계이다. 그리고 성공했다고 하더라도 다시 한번 본인 이름으로 사업을 하고 싶어 한다. 사유는 여러 가지이겠지만 국가는 그런 걸 따질 필요 없이 '재도전세'를 잘 받으면 된다.

징수기관에 기부하듯 세금을 낸다는 것은 정말 신선하고 발칙한 상상 아닌가? 잘 다듬으면 좋은 제도가 나오리라 본다. 2000년도부터

2020년까지의 정리보류금액이 153조 원이니까 25% 정도 받게 된다면 38조 원이다. 일본 전역에서는 2015년 한 해만 1조 6천억 원이 넘는 고향세가 대도시에서 각지로 뿌려졌다고 한다.

조세 개인회생제도로 재도전 기회 창출

코로나 시대에 많은 분들이 실패를 경험하고 있지만 결코 절망의 늪에 빠져서는 안 된다. 쓰러진 사람을 부축하고 일으켜 세워 재도전할 수 있는 사회를 만들어야 하지 않겠나!

필자가 좋아하는 논어에 이런 글이 있다.

군자회형(君子懷刑) 소인회혜(小人懷惠).

'군자는 항상 돌아올 형벌을 생각하고 소인은 그저 돌아올 혜택만을 생각한다'는 말이다. 그래서 위정자는 지하경제 속을 헤매는 조세 신불자를 구제하지 못하면 스스로 처벌된다는 마음으로 일을 하는 것이다. 신불자의 리스크를 늘 생각하여 정책대안을 내고 재도전 기회를 만들어준다면 모두 윈윈하리라.

다음은 '재도전세'에 대한 구체적인 안(案)이다. 부족하지만 평생 체납자가 되는 구도를 타파하고 재도전의 기회를 제공하는 한편 모럴해저드를 방지하기 위한 안으로, 일종의 '조세 개인회생제도'의 신설을 위한 제안이다. 관심 있는 분들이 보다 발전시키리라 믿는다.

중요한 것은 정리보류 153조 시대에 100을 얻으려면 100을 잃고, 50을 얻으려면 50을 얻는다는 것이다.

〈경과기간별 체납금액 비교표〉

체납금액 ＼ 경과기간	5년~	10년~	15년~	20년~	
~1천만 원 이하	10%	7%	4%	2%	⇒ 1천만 원 이하 체납자(82.2%)
1천만 원 초과 ~3천만 원 이하	15%	10%	7%	4%	
3천만 원 초과 ~5천만 원 이하	20%	15%	10%	7%	⇒ 5천만 원 이하 체납자(96.3%)
5천만 원 초과 ~1억 원 이하	25%	20%	15%	10%	⇒ 1억 원 이하 체납자(98.5%)
1억 원 초과 ~5억 원 이하	30%	25%	20%	15%	⇒ 1억 초과 체납자(1.5%)
5억 원 초과 ~10억 원 이하	35%	30%	25%	20%	
10억 원 초과	40%	35%	30%	25%	

※ 5년이 경과된 체납자는 분납금액을 모두 납부하면 즉시 시효완성 조치한다.

[그 외 고려해야 할 사항]

① 성실납세 의지

② 재도전 의지

③ 정직한 실패 검증

④ 천재지변이 발생한 경우

⑤ 납세자 또는 그 동거가족이 질병으로 위중하거나 사망하여 상
　중인 경우

[제도 개선 제안]

체납정리 실적으로 평가하는 제도는 폐지하고, 장기 압류 체납자
의 재도전을 위한 정리 실적 평가제도 도입 및 인사고과에 반영한다.

체납세금에 대한
공정한 처분절차를 마련하자

조세 체납 문제와 함께 중요한 사회적 과제인 금융채권과 관련한 내용이 있다.

2017년도 당시 민주당 제윤경 의원이 '죽은 채권 부활금지법'을 발의하였다. 그런데 아직도 법률 통과가 되고 있지 않다. 2020년 12월 31일 〈채권의 공정한 추심에 관한 법률 일부개정 법률안〉을 정부에서 제출하였는데, 필자가 관심을 갖고 있는 징수권 소멸시효와 같은 취지라 그 내용을 살펴보았다.

제안 이유와 주요 내용을 살펴보겠다. 대부업자 등이 소멸시효가 완성된 채권을 실제 채권액보다 저렴하게 매입한 뒤 채무자가 소멸시효제도 또는 채권의 소멸시효완성 여부를 잘 알지 못하는 점을 악용하여 시효의 이익 포기를 유도하고 장기간 채권을 추심하는 사례가 자주 발생함에 따라 대부업자, 신용정보회사 등의 채권추심자로 하여금 채무자에게 최초로 변제를 요구할 때 채권의 변제기·소멸시효기간 등 채무 관련 정보를 함께 통지하도록 하고, 소멸시효기간이 지난 소액채권을 양수하거나 그 채권추심 권한을 위임받은 경우에는 채권의 소멸시효가 완성되지 아니하였음을 소명하지 못하면 채무자에게 변제를 요구하지 못하도록 하여 채권추심자와 채무자 간의 정보 불균형을 완화하고 채권추심의 적정성을 도모하려는 것이다.

이처럼 금융채무자 구제와 관련하여서는 순발력 있게 법안을 만들어내고 있다.

재도전을 응원하는 국세행정

이러한 시점에, 국세청에서는 미래 환경 변화에 대응하여 국세행정 중장기전략을 마련하기 위한 〈2030국세행정미래전략추진단〉을 발족하였다. 따라서 '조세채권에 관한 공정한 처분절차'를 만들어서 재도전 분위기를 유도하여 국세행정 혁신을 통한 민생경제 활력을 불어넣을 수 있기를 기대한다.

실무적인 한 가지 제안은 정리보류(결손)와 동시에 압류한 경우, 정리보류 시점을 시효기산일로 입력하여 시효진행이 되도록 하자는 것이다. 아니면 압류한 재산이 있는 경우 정리보류를 못하게 하는 것이다. 그래야 조속한 조세채권 정리가 될 수 있을 것이다.

국세통계연보를 보면 평년 징수실적은 현금 10억 내외이다. 전체 체납금액이 27조 내외이니까 징수실적은 37% 정도 된다. 전체 체납금액의 절반도 징수가 안 되는 것이다. 이런 실적이면 국정감사 시 문제가 될 것이다. 정리보류(평균 8조 내외)를 넣어보면 체납정리 실적은 66%가 나온다. 나쁘지 않다.

필자의 관심사는 실적 따위는 전혀 중요하지 않고, 정리보류 시 폐업을 해서 분납의 길이 차단된다는 것이다. 또한, 압류에 의한 시효중단도 압류재산을 평가해서 그 평가금액의 120%까지만 시효중단하도록 해야 한다고 본다. 체납금액은 1천만 원인데 압류한 재산은 10만 원이면 10만 원의 120%, 즉 120만 원만큼만 시효중단이 되고 나머지는 시효진행을 하는 것이다.

또 다른 큰 금액의 사례로 살펴보자. 체납금액은 1억 원인데 압류재산은 100억 원이고 부채가 120억 원이다. 이런 경우도 국세 징수할 우선권이 제로니까 전부 시효진행을 시키는 것이다. 5년 또는 10년이 흘러 부동산 가치가 올라가면 매각하면 되고, 그렇지 않으면 소멸이 되는 식이다.

'국고주의'를 고수하는 공무원은 이렇게 생각할 것이다. "압류한 부동산의 가치가 앞으로 얼마나 오를지 모른다. 절대 풀어줘서는 안 된다"라고. 국민의 재산권을 국가가 행사하여 재산 증식하는 것! 이것은 옳지 않다. 개인도 더 잘 살고 세금도 더 잘 내는 구도가 되어야 되지 않겠나.

핵심적인 결론은 체납자가 다른 곳으로 재산은닉하지 않았다면 즉시 시효완성하고 재도전하게 하자는 것이다. 그리고 자금사용처가 밝

혀지지 않은 체납자는 시효폐기하여 끝까지 추적하여 받아내자는 것
이다.

납세자교육과 재기지원

    조세정책을 수립할 때 납세자의 자발적인 납세순응 수준을 높이기 위한 신뢰 구축과 함께 국민의 납세의식과 징수행정만족도를 높일 수 있도록 하여야 할 것이다. 이에 납세신뢰도와 납세순응을 높일 수 있는 납세자교육을 제안하고자 한다.

    우선 10대들부터 조세 조기교육을 실시하여야 할 것이다. 국세청은 청소년용 세금 교재를 지속적으로 발간하고 있다(《알고 싶어요 세금이야기》, 《출동! 명탐정 셜홈즈》, 《세금서유기》 등). 이와 함께 6대 법정의무교육처럼 정규 의무교육시간을 편성하여 초등학생부터 교육하도록 하자. 이를 위해서는 조세교육 전문강사를 양성해서 제도적으로 정착시켜야 할 것이다.

    또한 신규사업자에 대해서는 납세자교육을 철저히 하여야 한다. 명의대여 근절, 탈세의 폐해에 대한 교육과 납세자 권익에 대한 교육

(납부기한연장 등), 절세 가이드 등 세금 지식을 전수한다면 납세신뢰도 는 매우 높아질 것이다.

두 마리 토끼를 잡아라

그리고 전국 일선 세무서에 '조세채무조정관' 제도를 신설하거나, 지방청별로 모범 세무서를 지정하여 정직한 실패자의 재기를 도와야 한다. 장기체납자들의 재도전을 지원할 뿐만 아니라 재도전세를 분납 징수할 수 있는 상담창구를 개설하자. 153조 정리보류 중 25%를 징수 할 수 있는 윈윈전략을 짜야 한다. 이것은 조세신불자 패자부활과 세 수증대 두 마리 토끼를 잡는 일이다. 이것이 바로 '조세 개인회생제도' 인 것이다.

이것은 현재 운영하고 있는 조세특례제한법 제99조의10(영세개인 사업자의 체납액 징수특례) 및 같은 법 시행령 제99조의9에 따라 징수 곤 란 체납액의 가산금 면제 및 분할납부를 승인하는 수준이 아니다. 장 기체납자 재기 지원에 도움이 되는 근본적인 대책으로 실효성 있는 제도로 정착되리라 본다.

특히 정직한 실패자에 대해서는 검증기관을 만들어 가산금뿐만 아 니라 본세에 대한 소멸 방안도 적극 검토하여 즉각 사업 재개할 수 있 도록 하여야 할 것이다. 그 이유는 조세의 특성상 'All or Nothing'의 구도에서 'Nothing'으로 가지 않게 하기 위함이다.

따라서 국가도 이익이 생기고 납세자에게도 이익이 생기게 하는 것이다. 이렇게 함으로써 세수확보도 할 뿐만 아니라 납세자에 대한 재기지원 효과도 노리는 것이다. 더불어, 납세자에게는 모럴 해저드 방지와 경제활동을 할 수 있는 기회가 부여되어 지하경제에서 탈출할 수 있는 장치가 마련되는 것이다. 이로써 국가와 납세자 간에는 상호 신뢰 구축과 납세순응이 이어질 것이다.

국세청 55년. 지천명 중반의 나이다. 주빌리 운동과 같은 장기체납자 문제를 한 번쯤은 국가가 나서서 교통정리를 할 때가 된 것이다. 납세자에게 족쇄를 채워본들 국가의 이익은커녕 지하경제만 양산시킨다면 정책적인 결단을 내려야 하지 않겠는가?

경제적 죽음에 이르게 하는
'대포'

인간의 생명을 파괴하는 전쟁무기 중에 대포가 있다. 그런데 전쟁 상황에서 사용하는 군사력보다 더 무서운 대포가 있다. 소위 대포 통장, 대포 차, 대포 폰, 대포 사업자등록증! 이러한 대포들은 경제적 죽음을 확산시키는 살상무기이다. 우리 사회를 병들게 하고 삶을 피폐하게 하며 죽음에 이르게 한다. 왜 이러한 '대포'가 끊임없이 발생하는 것인가?

이솝우화에 나오는 '정육점 주인과 손님'이란 이야기를 보자. 두 남자가 정육점에서 고기를 고른다. 정육점 사장이 잠시 한눈을 파는 사이, A남자가 고기를 훔쳐서 B남자의 외투 속으로 집어넣는다. 정육점 사장은 순식간에 사라진 고기를 두 남자에게 내놓으라고 바락바락 소리를 지른다. 하지만 A는 자기에게는 '고기가 없다'고 발뺌하고, 고기를 숨긴 B는 고기를 훔치지 않았다고 둘러댄다.

A는 예금주 또는 명의자이고 B는 실권리자 또는 실사업자이다. B는 누릴 것은 다 누리면서 뒷감당하지 않으려고 A의 이름으로 살아가는 것이다. 사업자도 마찬가지다. 사업에 실패하면 체납자가 되는데 세금 체납을 감당하지 못하면 명의대여하여 생계를 이어간다. 그러다 힘들면 또 체납을 하기 때문에 결국 명의자가 신불자가 되는 것은 불 보듯 훤하다. 실사업자는 나 몰라라 하고 책임지려 하지 않는다.

명의대여는 망국의 지름길

국세청에서 가장 싫어하는 명의대여! 이것을 국세청 직원들은 소위 '모자 바꿔 쓰기'라고 표현한다. 명의대여에 대해서는 조세범처벌법 제11조(명의대여행위 등)를 보면 '실사업자는 2년 이하의 징역 또는 2천만 원 이하의 벌금'에 처하고, '명의자는 1년 이하의 징역 또는 1천만 원 이하의 벌금'에 처하도록 되어 있다.

그러나 무지한 국민들은 늘 쉽게 명의를 빌려준다. 명의를 빌려준다는 의미는 참으로 인간적인 것 같지만 국가 입장에서 보면 정말 나쁜 짓이다. 범법행위이다. 돈으로 살 수 없는 가치를 똥통에 넣는 짓이다. 나의 납세의무를 내동댕이치고 남의 납세의무를 자기 것인 양 꾸미는 것은 국가를 기만하는 일이다.

하지만 현실적으로 가까운 지인들의 요구를 차마 거절하지 못하는 것이다.

"내가 사업자등록증을 내야 먹고사는데 잠시만 네 명의 좀 빌리자. 조금만 편리 봐줘. 나 힘들어, 도와줘!"

이런 부탁을 받으면 인정에 약한 우리나라 사람들은 대부분 받아주게 된다. 돈으로 도와주는 건 부담스럽지만 명의대여 정도는 별거 아니라고 생각한다. 이 미약한 시작이 엄청난 불행으로 돌아온다는 판단을 못 하는 것이다. 그러한 경제적 불이익은 최소 5년 또는 평생 갈 수도 있다.

심지어는 전혀 알지도 못하는 사람에게 접근하여 밥 사주고 용돈 주고 환심을 사서 세무서까지 같이 가서 사업자등록 신청을 하기도 한다. 친절을 가장한 조세포탈의 시작이다. 주로 유흥업소 사장들이 노숙자나 청년실업자, 경단녀 등 취약계층을 파고들어 명의대여를 한다.

문제는 이것이 명의도용이 아니다 보니 체납세금에 대해서 해결할 방법이 없는 것이다. 명의대여자 본인 신분증, 명의대여자 본인 이름의 임대차계약서, 명의대여자 본인 이름의 사업용 계좌 등의 근거서류가 있기 때문에 세무공무원이 명의대여자를 실사업자가 아니라고 보기가 참 어렵다. 실사업자를 찾는 것도 문제라서 명의대여자 고지분을 취소하고 실사업자에게 과세하기도 어렵다. 더더군다나 실사업자는 본인의 노출을 철저히 차단하기 때문이다.

학교 후배의 경우는 자기 동생이 정신병원에 들어간 지가 17년인데 15년 전에 유흥업소 대표로 사업자등록된 게 있다가 체납 세금이 3억 원에 이른 사례도 있다. 문제는 형으로서 평생 동생을 뒷바라지해야 하고 그 비용을 종중재산 부동산으로 하고 있었는데 덜컥 그 부동산이 압류된 것이다. 실사업자를 찾아서 경찰서에 고소했지만 공소시효가 끝나서 아예 조사도 못 하고 끝났다. 그나마 국민권익위원회에서는 억울한 사정을 참작하여 인용하여줘서 다행이었지만 세무서에서는 각하 결정하였다. 부과제척기간이 끝났기 때문에.

사실 이런 경우는 참 억울하다. 정신병원에 있는 사람에게 선량한 주의의무를 다하라고 할 수는 없는 것이다. 오히려 사업자등록 신청 당시 세무공무원이 실사업자 여부를 제대로 잘 봤으면 어땠을까, 아쉬운 점이 많다. 그리고 세무서에서 국민권익위원회 결정을 존중하고 취소해줬으면 참 좋았을 텐데 말이다.

그러나 이렇게 포기할 수는 없었던 후배는 다시 국민권익위원회에 요청했다. 그래서 국민권익위원회에서 재심하고 다시 세무서로 통보가 되었다. 세무서 해당 과에서는 안 된다고 하였지만 납세자보호담당관실에서 위원회 의결을 거쳐 인용해주었다. 17년의 세월이 흘러 해결된 것이다. 이것도 중간에 포기했다면 부동산은 공매되었을 것이고 재산이 없어 동생을 돌볼 여력이 안 되면 동생의 인생이 비참해지는 건 불 보듯 뻔하다.

그나마 이런 건 명의도용에 준하는 정도의 정황이 파악되는 사례여서 좋은 결과를 얻을 수 있었지만, 안면이 있는 사람들끼리 하는 일반적인 명의대여는 국세청에서 오히려 고발한다.

조세범처벌법 제11조(명의대여행위 등)

① 조세의 회피 또는 강제집행의 면탈을 목적으로 타인의 성명을 사용하여 사업자등록을 하거나 타인 명의의 사업자등록을 이용하여 사업을 영위한 자는 2년 이하의 징역 또는 2천만 원 이하의 벌금에 처한다. <개정 2015. 12. 29.>

② 조세의 회피 또는 강제집행의 면탈을 목적으로 자신의 성명을 사용하여 타인에게 사업자등록을 할 것을 허락하거나 자신 명의의 사업자등록을 타인이 이용하여 사업을 영위하도록 허락한 자는 1년 이하의 징역 또는 1천만 원 이하의 벌금에 처한다. <개정 2015. 12. 29.>

그러니 명의대여가 얼마나 엄중한 일인지는 스스로 자각하여야 할 것이고, 정상적인 사람이라면 단연코 거절해야 하는 일이다. 명의대여로 교도소 간 사람도 많다.

정명의 확립

현재 우리나라의 세금 체납은 연 20조 원 정도 발생된다. 이 중에서 무재산·폐업자에 대한 정리보류금액은 8조 전후이다. 인원으로는 매년 30여만 명 정도. 매년 늘어나는 30여만 명의 체납자들은 신불자가 되어 지하경제로 숨어든다.

이렇게 10년, 20년, 30년이 지나면 우리 대한민국의 미래는 어떻게 될까? 그리고 국세 체납자뿐만 아니라 지방세, 금융, 4대보험, 추징금, 과태료까지 합친다면…….

2,500년 전 공자에게 제자들이 "만약 위나라의 재상이 되신다면 무엇부터 가장 먼저 하시겠습니까?"라고 묻자 공자는 "필야정명(必也正名)"이라고 하였다. 그 말을 들은 제자들은 그 깊은 뜻을 이해하지 못하고 아연실색하였다. 그러나 공자의 생각은 확고하였다. 동서고금을 막론하고 '정명(正名)'이 되지 않으면 세상이 도탄에 빠진다는 사실을 공자는 너무나 명확하게 알고 있었던 것이다.

명(名)과 실(實)이 다르면 세상의 질서가 무너지고 기강이 흐트러져서 백성은 살기가 힘들어진다. 따라서 이 혼란한 세상을 바로잡는 첫 번째 할 일! 그것이 바로 정명인 것이다.

최근 국세공무원으로 38년간 재직하고 있는 동기와 이야기 끝에 "모자 바꿔 쓰기하는 나쁜 체납자"라는 말을 듣고 다시 한번 '정명'에 대한 문제의식을 돌아보게 되었다.

공자, 묵자로 이어지는 정명사상의 맥이 끊어진 지 2천여 년. 납세의식이 없는 재산은닉자에게는 철저한 자금출처 조사와 징수를, 시효 경과된 장기체납자에게는 떳떳하게 자기 이름으로 재도전할 수 있는 기회를 열어주는 희망찬 세상이 하루속히 오기를 기대한다.

수많은 신불자가 주검처럼 널려 있는 이 시대에 정직한 실패자의 재기 지원을 위한 '조세신불자 패자부활'은 시대적인 사명이며 그 첫 출발점은 '정명'의 확립인 것이다.

체납자 재기지원과
국가세수 증대를 위해

악질적이고 고의적인 조세회피자 및 재산은닉 등 사해행위를 하는 체납자에 대해서는 엄정 대응하여야 한다. 체납 재발 방지를 위해서는 건전한 납세의식 고취를 위한 '체납방지교육'을 이수하도록 하는 것도 좋은 방법이다. 국세기본법 및 시행령에 명시하여 의무교육을 신설하고 시험도 치르는 등, 체납 방지를 위한 법과 제도를 마련하여 납세신뢰도를 높이고 납세순응을 유도하여야 할 것이다.

한편, 재기 희망 장기체납자 지원을 위한 민간교육센터 설립이 시급하다. 재기를 희망하는 체납자에 대해서 체납자라는 이유로 평생 재기를 못 하게 하는 것이 옳은 것인지, 아니면 국세기본법(국세징수권의 소멸시효)에 의한 시효완성 체납에 대해서는 실정법에 맞게 납부의무소멸을 해야 되는 것인지, 이에 대한 문제의식이 필요하다.

기준은 국세기본법 제26조, 제27조, 제28조로서, 국가공무원은 실정법에 맞게 업무처리를 하여야 할 것이다. 그러나 입법미비로 평생 체납자가 되는 사례가 많다. 예를 들면 압류 후 체납처분 절차를 진행하지 않으면 평생체납자가 되는 것이다. 압류해제를 한 다음 날부터 시효가 기산되기 때문이다. 따라서 적극행정을 해야만 납세자들의 기본권이 보장되는 것이 현실이다.

2000년도부터 2020년도까지 총 체납금액이 153조 원이다. 국가재정 조달이라는 문제와 신불자 구제 및 재기지원을 위한 차원에서 입법과 제도 마련이 시급하다. 조세신불자 패자부활 지원을 위한 민간 교육기관을 설립할 필요성이 있다. 기본적으로는 '체납방지교육'을 하고 지방청별로 시범 세무서를 운영하여 재기지원을 하도록 하자. 그래서 총체납의 20~30%를 분납하도록 유도하여 사업재개를 도와주는 것이다.

민간기구로서 재기지원센터를 운영하여 사업을 즉각 재개하도록 할 수 있는 제도적 장치를 마련하고, 1996년도에 폐지된 국세기본법 제26조 납부의무의 소멸 중 '결손'을 부활시키자. 그리하여 체납자에 대한 재기지원과 국가세수 증대라는 두 마리 토끼를 잡자는 것이다.

'조세신불자 패자부활 지원'은
시대적 사명

남우진 필자는 1982년도에 국립세무대학을 입학하여 그야말로 세금의 '세' 자도 모르는 가운데 인연이 되어 지금까지 세금에 대한 많은 경험과 생각들을 하게 되었다. 국민의 재산권과 직결되는 문제라 첨예한 부분이 많아 문제의식이 없으면 백전백패하기 딱 좋은 과제이다. 평생 가지고 있던 문제의식을 필자는 박사학위 논문에도 담았다. 〈납세신뢰도가 납세순응에 미치는 영향: 납세의식과 징수행정만족도의 매개효과〉가 그것이다.

하고 싶은 얘기들을 제대로 글로 다 담지 못한 아쉬움은 있다. 하지만 청출어람의 후학들이 더 좋은 결실을 맺으리라 기대하면서 '조세신불자 재도전'의 기회를 주고자 하는 마음으로 용기를 내어 이 글을 쓰게 되었다.

필자는 2018년도에 국회 헌정기념관에서 '스웨덴 국세청 개혁 성공사례로 본 신뢰와 소통'이라는 주제로 국제 납세자권리 컨퍼런스에서 발제를 하였다. 스웨덴 국세청은 '강도를 잡는 경찰'에서 '고객을 위한 서비스 제공자'로 30년 만에 변화한 조직이다. 이러한 사례를 보더라도 조세행정 개혁이란 과제는 지난한 것이며 중장기적인 차원에서 꾸준히 밀고 가야 하는 것이다.

대부분의 납세자는 국세청이 올바른 결정을 하는지 알 수가 없다. 그래서 결과보다는 과정에 근거해 공정성을 판단해야 한다. 납세자는 과정의 공정함과 투명함이 보장되고 자신의 말이 경청되고 존중받는다고 인지하면 그 결과도 수용하게 되는 것이다.

조세행정을 개혁하면 탈세자는 근절되고 정직한 실패자는 구제받을 것이다. 조세행정의 새로운 전략은 사회적 이로움을 창출하며 신뢰를 기반으로 한 자발적 준수로 납세순응을 이끄는 것이 되어야 할 것이다. 또한 세무공무원은 봉사자로 행동하여야 하며 지속적인 변화를 추구하는 용기 있는 조직이 되게 하여야 한다. 헌법 제7조를 보면 "공무원은 국민 전체에 대한 봉사자이며, 국민에 대하여 책임을 진다"라고 나와 있다. 국가와의 특별관계에 있는 공무원이 납세자의 입장에서 일을 할 때 납세신뢰도가 높아지고 자발적인 납세순응이 자동적으로 따라오게 되는 것이다.

앞에서 언급한 세무조사를 받은 친구의 경우, 제대로 소통했다면 100억 원이라는 국가세수를 잃지 않았을 것이다. 이것은 국세행정의 구도가 'All or Nothing'이기 때문에 도출되는 결과이다. '납부한 세금' 측면으로 들여다보지 않고 '체납한 세금' 측면으로 들여다보면서,

체납이 있다면 '100% 체납자'와 '10% 체납자'의 구분 없이 조금이라도 남아 있으면 똑같은 체납자로 불이익을 준다. 500만 원 이상 체납자는 신용정보가 제공되어 금융 이용에 불이익이 있고, 5천만 원 이상 체납자는 출국규제가 된다. 네거티브 시스템의 조세행정은 어떤 면에서는 어리석고 무자비한 것이다. 국가의 이익에도 반하고, 개인의 재산권도 부당히 침해하고 경제활동을 못 하게 하면서 신불자로 만드는 조세행정은 지하경제 양성소인가?

헌법 제10조를 보면 모든 국민은 인간으로서의 존엄과 가치를 가지며, 행복을 추구할 권리를 가진다. 국가는 개인이 가지는 불가침의 기본적 인권을 확인하고 이를 보장할 의무를 진다. 그러나 어리석게도 이런 발상의 전환을 못 하는 것이 행정조직의 치명적인 결점인 것이다. 헌법 제7조에서 '국민 전체에 대한 봉사자'라고 한 공무원이 개인의 경제활동을 옥죄어 세수에 기여할 기회를 박탈하고 있는 것은 국가로서도 큰 손해다.

그래서 정직한 실패자에 대해서는 구제할 길을 열어가야 한다. 국세청 55주년을 맞아 납세신뢰도를 높여 자발적인 납세순응을 이끌고, 나아가 납세의식을 고양하여 징수행정만족도를 높여야 한다. 탈세자와 정직한 실패자는 다르다는 인식에서부터 출발하여야 한다. 정직한 실패자와 탈세자를 구분하는 재기 지원 시스템을 만드는 것이 현명하다. 미국의 실리콘밸리처럼 실패 경험자에게 점수를 더 주어 성공을 향해 달릴 수 있도록 제도를 만들어야 한다.

**정직한 실패자를 위한
인생 새로고침 프로젝트**

조세신불자 패자부활전

초판 1쇄 발행 2021년 12월 13일

지은이	남우진, 차순아
발행처	예미
발행인	박진희, 황부현
편집	김정연
디자인	김민정

출판등록 2018년 5월 10일(제2018-000084호)

주소 경기도 고양시 일산서구 중앙로 1568 하성프라자 601호
전화 031)917-7279   **팩스** 031)918-3088
전자우편 yemmibooks@naver.com

ⓒ남우진, 차순아, 2021

ISBN 979-11-89877-67-5 03320

- 책값은 뒤표지에 있습니다.
- 이 책의 저작권은 저자에게 있습니다.
- 이 책의 내용의 전부 또는 일부를 사용하려면 반드시 저자와 출판사의 서면동의가 필요합니다.